李寅评说同治帝

李寅◎著

中国工人出版社

序言

本书的主人公同治皇帝，是清军入关后第八代帝王。他年仅19岁就病逝了，是个短命帝王，在历史的长河中只有短暂的一瞬。尽管如此，同治以其帝王之尊，仍然备受瞩目。我们应该如何看待他的人生呢？

他是最幸运的。从即位称帝这个角度讲，同治皇帝确实是最幸运的一位了。细数清代帝王，从努尔哈赤到同治帝，没有哪一个帝王即位像他那么容易。清代宫廷史上，帝王即位，曾经发生过流血事件，比如皇太极即位时，曾有大妃殉葬事件；比如雍正帝即位时，曾发生“九子夺嫡”事件，等等。即使顺治、康熙、乾隆、嘉庆、道光、咸丰即位没有那么血腥，也都不同程度地存在竞争者，因为皇帝多子，竞争是必然的。而同治帝即位，不仅没有血腥的事件，就连竞争都没有，只因他是咸丰帝的独子，继承皇位，非他莫属，真的很幸运。

他又是最不幸的。从幼儿即位来说，同治帝靠太后辅佐。有句古语，叫作“虎毒不食子”，有太后辅佐应该是很幸运的事。同治之前的帝王也曾经被太后辅佐，比如孝庄辅佐顺治帝和康熙帝，曾留下过母子或祖孙情深的历史佳话。可是，同治帝却很不幸，不但没有佳话流传下来，反而留下了母子相仇的历史记载。母子之间或因婚姻不睦而失和，或因太后贪权，推迟帝王亲政而反目，总之，是霸道的慈禧太后夺去了儿子的幸福生活。

尽管如此，这不幸的一切并不能成为同治帝没落的借口；相反，应该是对他的一个历史考验，考验他的帝王天赋，考验他的政治素质。结果却让人大跌眼镜，他的人生，他的事业都一塌糊涂。考证历史，发现同治帝竟然是这样一个人：

一个嗜欲之人。他年纪不大，却表现出了极大的物欲要求。要么深入到八大胡同，狎妓于兹；要么游离于琉璃厂，遭人品头论足；要么梨园流连，粉墨登场；要么酒肆划拳，被人指点……

一个无律之人。同治帝是最无律的一个帝王，尤其是上学期间，肆无忌惮的表现，让师傅无奈，多次规劝无效，只有哀叹和摇头；让太后震怒，除了要动用家法之外，就只有哭泣了。

一个无谋之人。帝王必须要有谋，无谋的必会遭到不幸，因为他们高处不胜寒。康熙帝8岁即位，与辅政大臣之间斗智斗勇，计除鳌拜，成一代明君，靠的是智谋取胜。而同治帝在与太后较量中失利了，在与皇叔较量中也失利了。所有的失利，只源于他是一个无谋之人。

总之一句话，同治帝不在状态，不在帝王状态。想当年，孝庄教育年幼的玄烨时，力图把他培养成最优秀的帝王，要求他站有站相，坐有坐相，目不斜视，饮食有度，种种限制。玄烨一举手一投足，都有规矩，终成大器。两宫太后之于同治帝也曾想望子成龙，可事与愿违，他一切都不在状态。最终，同治帝自食其果，为自己的行为买单，成为清代弱爆的帝王：

第一，最短寿的帝王。回顾清朝皇帝，努尔哈赤69岁而终，皇太极52岁去世，此外，顺治帝24岁，康熙帝69岁，雍正帝58岁，乾隆帝89岁，嘉庆帝62岁，道光帝69岁，咸丰帝31岁，光绪帝38岁，宣统帝溥仪62岁，只有同治帝最短寿，只19岁就一命归天了。

第二，亲政时间最短的帝王。同治帝虽然短寿，但是他6岁即位，在位13年，与雍正帝在位时间相同。可是，他真正亲政的时间是从同治十二年正月开始的，之前的11年都是太后在垂帘听政。亲政开始到生命终结，还不到两年的时间，想有作为也是很难的事情。

这还不算同治帝最衰的结局，以下两点最让人们为之扼腕叹息：

一是没有生育。同治帝之前的帝王或多或少都有生育，最多的是康熙帝，有55个子女，最少的是咸丰帝，也有3个子女。帝王之所以有三宫六院，最主要的目的还是要多子多孙，从中选择优秀者即位，即所谓后继有人。可是，同治帝尽管后宫成群，最终却膝下无子。很奇怪，从他开始，历经光绪帝、宣统帝，清朝最后三个皇帝都没有生育，同治帝开启了一个非常不祥的开端。

二是太后垂帘听政。当然，太后垂帘不是同治帝造成的，只是时代的产物。可是，同治十二年之后，慈禧撤帘归政，同治帝大权独揽，完全有能力乾纲独断；而他并不珍惜，只顾狎妓嗜欲，游弋人生，最终英年早逝。这是他自己的错，抵赖不得，结果成全了贪权的慈禧太后，使她的欲望之火与日俱增，再次朝纲独揽，这不能不说是同治帝造下的孽。

这就是同治帝，一个让人摇头的、叹息的帝王。

李寅

2016年9月

目 录

第一章　转运之珠

生孩子是门技术活儿 / 002　孙子啊，孙子 / 004　生儿生女不一样 / 005　慈禧来了 / 009　如何抓住男人的心 / 011　不要坏了祖宗规矩 / 013　护身符 / 015　可怕的女人第六感 / 016　勇闯“鬼门关” / 021　大阿哥就是不“开口” / 023　金盆“洗三” / 026　把孩子吊起来 / 028　一个孩子，两个基本点 / 033　这孩子大有希望 / 035　压力山大 / 038

第二章　在旋涡中

两种感觉，两种态度 / 043　都是奴才的错 / 045　权力的致命诱惑 / 050　玩儿嗨了 / 052　被美女吓坏了 / 054　羊车望幸 / 056　大阿哥处境不妙 / 057　谁把咸丰带坏了 / 059　真相背后的阴谋 / 060　一双权欲熏心的眼睛 / 064　“狗的骨头” / 066　总算达成默契 / 068　让人意想不到的安排 / 071　心生一计 / 073　枯树居然开花 / 075　此桂祥非彼桂祥 / 079

第三章　黑云压城

只有哭的份儿了 / 082　第二个“钩弋夫人” / 084　三次凌辱 / 086　三次挑唆 / 089　好日子快到头了 / 093　接班人首次亮相 / 096　大清王朝的四颗心 / 098　精心布局 / 100　皇阿玛再见 / 103　吓得尿了裤子 / 107　承德三怕 / 109　有家难回 / 111　叔嫂鸡毛传信 / 113　表演开始了 / 115　丢了王牌 / 116　要命的时间差 / 120

第四章　失败的教育

入学通知书到了 / 124　组建学习班 / 126　满堂灌 / 128　与老师对抗 / 129　不是个规矩孩儿 / 133　“超负荷”的真相 / 135　不在状态的 16 岁 / 137　晒晒成绩单 / 139　相形见绌 / 141　另一种失误 / 143　青春有悔 / 145

第五章　亲政那点儿事

从谎言开始 / 150　终于看明白 / 152　弦外之音 / 154　目标锁定大红人 / 156　结下了仇怨 / 158　飞蛾扑火 / 160　欲擒故纵 / 162　“青鸟”伏诛 / 164　死了都要爱 / 168　大红灯笼高高挂 / 170　被“吐槽”的女人 / 172　不想撤帘子 / 174　我的地盘我做主 / 176　母子“同心” / 178　前所未有的积极性 / 182　较量游百川 / 184　真是弱爆了 / 186

第六章　死是容易的

你喜欢的，我不爱 / 190　外面的世界真精彩 / 192　天花之喜 / 194　竟然不是天花 / 198　我要批奏折 / 200　“冲喜”失败 / 202　交代接班人 / 204　逆天了 / 206　居然选个小孩即位 / 208　大秀肌肉 / 212　雾里看花 / 214　老虎被羊吃掉了 / 216

第一章 转运之珠

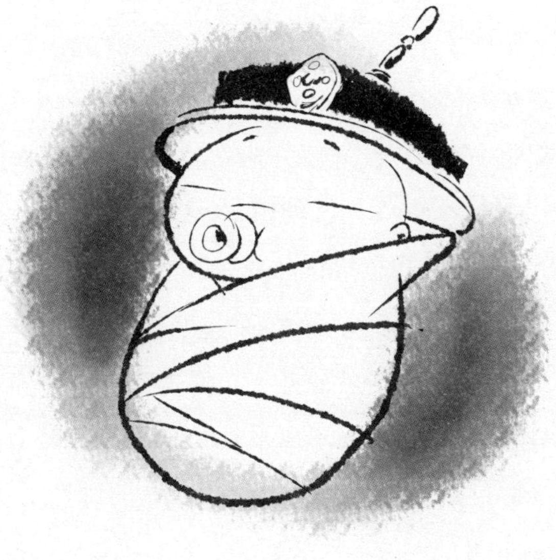

这个“转运之珠”不是别人，正是本书要讲的主人公同治帝载淳。

载淳在恰如其分的时间来到了这个世界上。于是他成了万人瞩目的焦点，成了大家的救命稻草，也给岌岌可危的大清王朝带来了些许运气。

生孩子是门技术活儿

咸丰帝挺糟心的，他非常担心一件大事，那就是会不会不生育。

说起来，咸丰帝的这个病不是从他开始的，而是从他父皇道光帝就有了。听起来奇怪得很，道光帝曾经不生育。道光帝就有这个毛病，他嘉庆元年结婚，父皇给他张罗了一大群女人，个个如花似玉，什么样的都有，可是，让嘉庆帝大感意外的是，二阿哥旻宁，也就是道光帝，结婚13年，一个孩子都没生出来。这可麻烦了，这么多女人，结婚13年不生孩子，一定是道光出了问题。嘉庆帝多着急啊，他甚至担心自己早年立旻宁为皇太子是个大错误，如果真不能生出孩子，那岂不绝了大清的皇嗣！

嘉庆帝着急归着急，但也没办法，要是今天就好办了，测测旻宁的精子活跃度、成活率不就完了吗？嘉庆帝估计得八九不离十是旻宁生不出孩子来，没别的出路，准备换接班人吧。

在这个关键时刻，旻宁会怎么想呢？大家都知道他是一个足智多谋的皇子，很有皇太极的遗风，绝对会用智谋谋夺皇储，因为他具备了这样的条件。这样看来，旻宁一定会想方设法弥补这个缺憾，免除父皇的后顾之忧。怎么办呢？一个奇迹出现了。

嘉庆十三年四月二十一日未时，也就是下午1点钟左右，嘉庆帝忽然得到了报告："二阿哥生了！"嘉庆帝以为听错了，什么"二阿哥生了"？他命细细禀报。御前太监这才觉得有些失策，于是报告了细节。嘉庆帝吃惊不小，怎么就生了呢，他一直担心着呢。

经过了解，嘉庆帝知道了，是一个姓那拉氏的宫女生了一个男孩儿，这个孩子不是别人的孩子，正是道光的孩子。嘉庆帝一听就乐昏了："快快，重赏，重赏！传二阿哥！"这个时候的道光觐见自己的父皇，感觉就不一样了，就一个字"爽"。可是，嘉庆帝也不想想，多年铁树怎么就开花了呢？这其中会不会有阴谋？

显而易见，旻宁那么多女人都不生育，突然之间，一个名不见经传的宫女怎么会生出皇子来呢？要知道，宫中的斗争历来十分激烈，这极有可能是一个阴谋。我们从后来旻宁对奕纬母子的态度来看，还真有可能。按说，奕纬是旻宁的救命稻草，是他的转运珠。没有奕纬，嘉庆帝极有可能废掉旻宁的皇储之位。可是，旻宁不感恩，在道光朝，奕纬备受父皇欺凌，结果很是凄惨。

一是不给爵位。道光帝对自己的这根救命稻草并不珍惜，连个爵位都不给。要说，那么大功劳，给个亲王什么的都不过分，但是连贝勒也没给。

二是不立储位。道光即位之后，很奇怪，好久都不生孩子。之后生了几个，又很不幸都死了，只剩下奕纬一人，直到道光十一年，情况还是这样。可是，道光并不喜欢奕纬，没将他立为储君。

三是不照顾奕纬。有一年，奕纬病了，道光不管他，把他一个人扔在了圆明园，自己带着后妃回到了紫禁城。奕纬真可怜！文武大臣都看不过去了，纷纷前往看望。奕纬的八爷爷永璇也去了，结果，不但没得到道光帝的表彰，反而遭到了严厉的惩处，让人匪夷所思。

更让人不理解的还不止这些，道光十一年奕纬竟突然死了。好好的一个人，怎么会突然就死了呢？据《老太监的回忆》中记载，一个叫信修明的老太监说，是道光帝因为一件不起眼的事情，一脚踢了奕纬的命根子，把他活活踢死了。这不要命吗？本来的转运之珠，道光帝的救命稻草，却被父皇恩将仇报，给弄死了。

关于奕纬，他很倒霉，给别人带来了运气，自己却命丧黄泉。我们不说他了，回到正题，咸丰帝的运气也很差，就是不生育。他 16 岁被父皇安排结婚，妻妾成群，可怎么就不生育呢？

孙子啊，孙子

道光二十七年，咸丰 16 岁了，前一年道光帝在几经权衡之后，终于决定册立咸丰为接班人，把他的名字写在了诏书之上，放进了“正大光明”匾额的后面。这一年，道光决定再为咸丰安排一件大事。他想，把这件事安排好了之后，他就可以高枕无忧了。

什么大事呢？就是给咸丰找媳妇。这可要安排好，因为他是皇太子，将来得接班。经过选择，一个满洲女子进入了他的视线。这个女子姓萨克达，出身不错，镶黄旗满洲，父亲是太仆寺卿。萨克达氏温文尔雅，知书达理，被指婚为咸丰的福晋。

这还不够，道光帝又安排了两个女子，一个是钮祜禄氏，父亲是广西右江道，相当于现在的厅级干部，这个女子就是后来的慈安；一个是武佳氏，后来册封为云嫔。这样，咸丰就有了3个女人。道光帝觉得这样好了，不出两年，就会生出隔辈人，真可谓高枕无忧矣。

可是，事与愿违，道光帝的这种精心安排的效果并不好，相反，却让人大失所望。就连咸丰自己都不得不感慨地说："我怎么这么倒霉呢！"

第一，福晋去世。这个不善言辞又温文尔雅的萨克达氏，婚后颇为夫君喜爱，公公道光帝也很喜欢她。可是，天有不测风云，萨克达氏万万没想到，不幸居然降临。先是不生育，结婚一年多了，肚子空空，没有怀孕的迹象；接着不幸病逝，道光二十九年十二月，萨克达氏居然一病归天，又过了一个月，丈夫咸丰就即位了。她真的没这命，没能等到封为皇后的那一天。

第二，结婚4年咸丰都没生育。从道光二十七年结婚，到道光三十年道光帝去世，其间近4年的婚姻生活，咸丰帝让道光帝很失望，他自己也很绝望。他的那些女人，一个都没有怀孕。道光帝惊讶了，怎么和自己当年一样啊？结婚这么多年没生育，是不是真的有问题。如果真有问题，那可怎么办呢？道光感到惶恐。

不过，道光还是很冷静的，道光二十六年正月十四，道光还是决定把皇位传给载淳，也就是咸丰帝。其实，在道光帝的心里，还是存有一分顾虑的，他咽气的那一刻，看着载淳，心里在想："即位之后，你可不要辜负了我，一定要生出皇子来啊。"这一年，载淳19岁，风华正茂。

生儿生女不一样

早年，有一部电影《垂帘听政》，场面宏大震撼。在剧中，有一个妙龄女子，就是咸丰帝的丽妃。她引起大家关注主要有两个原因，一是这个女子漂亮，非常得宠，咸丰帝喜爱她，宠冠后宫；二是这个女子封号高，“丽妃”的封号非常高了，要知道一个女子能够被封为妃子，成为堂堂正正的“小主儿”，是相当不易的事情。

这就要考察一下丽妃的身世了，咸丰帝怎么得到这个妙龄女子的？查阅档案可知，还真不是咸丰乱搞的女子，是通过正途进宫的。丽妃姓他他拉氏，父亲叫庆海，他的官职实在拿不出手，叫作“主事”，是一个六品官，这在皇宫里面，他他拉氏真是羞于启齿，那些一品大员家的女孩子多的是，丽妃怎么和人相比呢。

但是，他他拉氏运气不错，赶上了大选秀女。选秀女每三年才选一次，由户部主持。他他拉氏一大早就起来了，父母亲精心地打扮她，对她寄予厚望。母亲还说：“这是一次机会，要是能进宫，就光宗耀祖了，可别指望你们的阿玛！”他他拉氏就是肩负着这样的使命，辛辛苦苦赶到戒备森严的皇宫，轮到她验看的时候，她紧张得不得了。可是，她万万没有想到，居然没有被“撂牌子”，咸丰一眼就看上了这个清纯、娇羞、貌美如花的女孩子。

咸丰二年五月初九，他他拉氏进宫了。内务府请示皇帝赐予封号的时候，咸丰帝满脑子都是这个他他拉氏。于是，咸丰帝给予了他他拉氏一个非常俗气的名号：丽贵人。这样的封号令大家哑然失笑。怎么听都像是青楼里的称谓，堂堂皇帝的女人怎么用这样的封号呢？太轻佻了。可是，咸丰喜欢。日夜召幸，皇恩浩荡，这让其他的女人都眼热了，大家妒火中烧：凭什么皇上只去丽贵人那里，难道我们都是废物吗？

但是，众妃嫉妒是没用的，皇帝喜欢哪个妃子，谁也干涉不了。丽贵人频频得到帝宠，两个人如胶似漆。主要是由于咸丰帝年轻，不能克制自己。咸丰帝也有一个想法，那就是希望丽贵人能够怀孕生子，到那个时候，就谁也没办法了。丽贵人何尝不急呢？她努力配合，希望有个好这个"转运之珠"
不是别人。
正是本书
要讲的主人公
"同治帝·载淳"

李寅语录

载淳在恰如其分的时间来到了这个世界上。于是他成了万人瞩目的焦点，成了大家的救命稻草，也给岌岌可危的大清王朝带来了些许运气。

结果。

果然，功夫不负有心人，咸丰四年八月，丽贵人怀孕了。咸丰帝欣喜若狂，丽贵人暗自庆幸，只等好日子到来了。第二年，也就是咸丰五年五月初七，丽贵人生产了，大家翘首以待。她会生出皇子来吗？

可是，让咸丰帝失望的是，丽贵人生下来的不是皇子，而是一个格格。他结婚这么多年，就等这一天了，那么多的妃嫔，都没有怀孕，只有丽贵人怀上了，谢天谢地，咸丰日夜祈祷，期盼丽贵人能够生下皇子来。所以，消息传来，咸丰帝沮丧至极。他心里念叨着的只有一句话："这个女人辜负了我。"

慈禧来了

其实，丽贵人诞下大公主，咸丰帝并不是没有收获，至少他可以肯定自己没问题，可以延续香火。咸丰帝从结婚到生育大公主，其间也有十年了。十年的工夫，终于生出了孩子，这就够了，不管是男孩是女孩，只要能生育，就有希望。丽贵人证明了这一点，她使咸丰帝充满了信心。

下面说说兰贵人。而这个兰贵人是谁呢？她就是大名鼎鼎的慈禧。慈禧的封号那是后来的事。她进宫的时候，可不是什么重量级人物，而是怯生生进来的。为什么呢？

第一，出身一般。兰贵人出身于满洲镶蓝旗，是满洲下五旗中的最后一旗。这里需要说明一下，满八旗分上三旗和下五旗，上三旗有镶黄旗、正黄旗、正白旗，下五旗有正红旗、镶白旗、镶红旗、正蓝旗、镶蓝旗。兰贵人就属于最后一旗。

不仅如此，兰贵人的家世也不怎么样。她的曾祖父吉朗阿还曾经犯过案子。道光二十三年，户部查处了一起贪污银两大案，吉朗阿涉案被查。最后，朝廷下旨，令吉朗阿赔银几万两。他哪里拿得出来呢？可是，不拿银子，就要杀头，大家一筹莫展。据说，当时年幼的兰贵人足智多谋，她告诫大家千万别乱，没有银子可以去借，先渡过难关再说。于是，向邻里、亲戚筹借了银两，难关总算过去了。

兰贵人的父亲惠徵，官至道台，是一个四品官，相当于今天的厅级干部。惠徵文职干部出身，一直在吏部任低级小官。不过，他也算是一个笔杆子吧，在吏部抄抄写写，文件往来，相当于今天秘书一类的职责。大女儿被选中进宫，并被赐号“兰贵人”，让他十分欣喜。女儿进宫的时候，他被调任安徽徽宁池太广道的道员，管辖徽州府、宁国府、池州府、太平府、广德州，在官场上终于有了一点儿起色。

但是不管怎样，兰贵人这样的家庭出身，并不算太煊赫，没有什么值得炫耀的地方。

第二，长相并不出色。兰贵人究竟长相如何呢？大家看看流传下来的慈禧照片就知道了，她并非天生丽质，而是存在很多缺陷：

兰贵人的容貌并不清秀。我们常用来描述美女的一句话是“柳叶眉，瓜子脸，樱桃小口一点点”。看看她的照片，并不是这样的。兰贵人长着一副马脸，而不是瓜子脸，她也不是樱桃小口。

兰贵人的皮肤一般。有档案记载，她的肤色有些发黑，还有些粗糙，至少不是细腻如脂的肌肤，当然也不是很糟糕的皮肤。但和那些天生丽质的小姑娘相比，兰贵人当然要逊色一筹。这样的她是如何接近咸丰帝的呢？

如何抓住男人的心

兰贵人进宫，与丽贵人在同一天，都是咸丰二年五月初九。可是，结果大不相同，丽贵人被一直装在咸丰帝的心里，总想见面；兰贵人不行，咸丰帝没有注意她。

所以，兰贵人要想引起咸丰帝的注意，必须突破两道防线。一道是相貌，自己不如丽贵人。一道是传统观念。这个传统观念是什么呢？听起来就很可怕。《崇陵传信录》中这样记载：“祖制：宫闱不选叶赫氏。”意思就是选了，也不会召幸。为什么呢？

因为叶赫与爱新觉罗有世仇。有一种说法，爱新觉罗家族早年攻打叶赫的时候，几乎杀光了叶赫的男子，所以，叶赫部首领临终之际说：“我叶赫那拉即使只剩下一个女人，也要复仇。”还有一种说法，努尔哈赤在建堂子的时候，从地下挖出一块巨石，上面居然雕刻着这样一句话：“灭建州者叶赫。”不管是真是假，爱新觉罗家族对叶赫女子有一种先天性的排斥心理，这对兰贵人进宫不利。

电影《垂帘听政》里面绘声绘色地描述了兰贵人勾引咸丰帝的过程。她用了婉转动听的歌喉，唱了一曲南方小调，吸引了正在圆明园游玩的咸丰帝。这是真的吗？

我们还看过《甄嬛传》，电视连续剧中从头至尾充满了宫斗，而层层环节都是“计谋”，你算计我，我算计你，人们互相之间根本没有信任。

对于这两部文艺作品的演绎，必须予以澄清。清代后宫的争斗是有的，但是不会这么激烈，也不会这样富有戏剧性。兰贵人在圆明园唱一曲南方小调是否可以呢？应该不可以，她怎么可能在大庭广众之下，一展歌喉呢？皇帝的女人处于深宫之中，不但不能随意抛头露面，更不允许大声喧哗。所以，兰贵人靠“卖唱”引发关注是不可能的，那是戏剧虚构。

兰贵人要经过怎样的程序才能见到皇帝呢？至少经过两个步骤：

一是皇帝翻牌子。皇帝吃完晚饭之后，御前太监会呈上“膳牌”，就是绿头牌，两面记载着后妃的基本信息。一面书写后妃的封号，那么多的女人，皇帝政务繁忙，记不住，就要记载在膳牌上。一面记载后妃的年龄、出身，让皇帝一目了然。翻膳牌有很多好处，比如体现公平，因为是随意翻牌子，翻到谁就是谁，女人们全凭命运；比如可以避免尴尬，那些身子不方便的后妃，比如来大姨妈了，就要提前报告敬事房，或告知总管太监，把自己的绿头牌拿下来，皇帝翻牌子的时候，就不会翻到她了。

二是皇后把关。皇后为六宫之主，主管后宫事务，这叫作“中宫笺奏”。皇后可以控制后妃的行踪，尤其是皇帝每晚要召幸哪位妃嫔，皇后必须知情。被召幸过的妃嫔，皇后还要记录在案，以备查考。

所以，在这样具有严格制度的后宫，兰贵人发挥自己智谋的机会就很少了。尽管如此，一向机警的兰贵人还是通过自己的智谋，紧紧抓住了咸丰帝。

兰贵人看准了咸丰帝的软肋，那就是好色。咸丰的好色是出了名的。据相关资料记载：“日以醇酒和妇人自戕。”研究清代宫廷史的专家也认为咸丰帝是一个好色的皇帝。慈禧就紧紧抓住了这一点，发挥了自己的特长，年轻，头脑灵活，主要是要钻进咸丰帝的肚子里，变成他的一条蛔虫。

咸丰帝果然受用，他喜欢上了这个兰贵人。在她这里，他能找到快乐，找到自尊，找到一个帝王的地位，因为兰贵人极尽心机地侍奉他。她放下了一个女人的尊严，曲意奉承，让咸丰帝得到在其他妃嫔那里绝对找不到的舒适，让咸丰帝舍不得离开这里了。咸丰帝甚至于耽搁了朝政，不按时上朝理政，只在兰贵人的寝宫里面虚度时光。

“兰贵人宠冠后宫了！”这个消息不胫而走，皇帝怠政，时局动荡，怎么办呢？兰贵人以色诱帝，实际上已经犯了宫中大忌，再这样发展下去，兰贵人恐怕要担当历史责任；或者说，有人会动用大清家法来惩治这个兰贵人。她能够渡过难关吗？

不要坏了祖宗规矩

兰贵人的行为犯了忌讳，这是客气的说法，实际上是犯了宫中大忌，要遭到严厉的惩罚。犯了什么大忌呢？

一是“妖媚惑主”。这是不允许的，尤其是清朝皇帝，非常注意这件事。为了防止皇帝沉于酒色，清宫宫规甚至规定，不允许年轻宫女侍奉皇帝，就是怕她们耽误了正事。而那些侍奉皇帝的女人都是年老色衰的嬷嬷。

二是不知规劝皇帝。这也是那些后妃不应该做的事情。皇帝年轻好玩，这是人之常情，尤其是那些自制力不好的帝王，往往会热衷于享乐而耽误正事。所以，那些后妃，尤其是年轻的妃嫔要接受再教育。谁来教育呢？主要分以下几个层次：

1. 皇后教育。皇后负责管理六宫，是后宫之主，她要担负起这个任务。所以，中宫皇后要提高自身素质，多学习、多看书，要不然你给大家培训的时候，说什么啊？《大学》《中庸》《论语》《孟子》四书，是一定要培训学习的，还有就是教育她们要讲究“三从”“四德”，忠君思想是一定要讲解到位的。

2. 以史为鉴。在后宫之中张挂《宫训图》。《宫训图》是以古代后妃美德为范绘制的十二幅图像。从每年的腊月二十六开始，就在东西十二宫中张挂，到第二年的二月初三再摘下收起。具体哪个宫殿挂什么，都有要求：景仁宫为“燕姞梦兰图”，承乾宫为“徐妃直谏图”，钟粹宫为“许后奉案图”，延禧宫为“曹后重农图”，永和宫为“樊姬谏猎图”，景阳宫为“马后练衣图”，永寿宫为“班姬辞辇图”，翊坤宫为“昭容评诗图”，储秀宫为“西陵教蚕图”，启祥宫为“姜后脱簪图”，长春宫为“太姒诲子图”，咸福宫为“婕妤当熊图”。后妃们看到这些《宫训图》，当以此为榜样，就知道今后该怎么做了。

由此可见，兰贵人属于明知故犯。这件事被传到皇后钮祜禄氏那里了，皇后气得大发雷霆。但是，兰贵人深受咸丰帝宠爱，该如何下手呢？钮祜禄氏思虑再三，终于想出了一个好办法，那就是用祖训。

祖训就是指老祖宗留下来的家法。家法是不容践踏的，不管皇帝有多大权力，在祖训面前都必须毕恭毕敬。皇后选了个日子，一早就径奔兰贵人的寝宫，因为她知道，咸丰帝每天都在那里。

清宫规定，皇帝召幸妃嫔必须在养心殿，那是出于对皇帝安全的考虑。可是，咸丰帝居然不顾祖制，亲临兰贵人的寝宫，日夜尽欢，这可犯了祖制和家法。皇后钮祜禄氏决定强行进谏，没有别的办法了。

据相关记载，当时咸丰帝正在寝宫与兰贵人缠绵，忽然听到外面有人在说话。他忽地坐起来，问道：“谁这么大胆子？”外面竟然回道：“皇上，请您敬听祖训。”皇后就开始一字一句地读起了祖制和家法。

咸丰帝再也听不下去了，他赶忙起床，穿好衣服，跑出来一看，皇后正跪着，头顶着祖训，在那里背诵呢。咸丰帝赶紧上前，扶起皇后道：“皇后不要念了，朕这就去上朝。”咸丰帝匆忙走了，兰贵人看着怒气冲冲的皇后，一时之间乱了方寸。

护身符

咸丰帝急急忙忙上朝去了，留下了兰贵人可怜巴巴地跪在地上，等候皇后的处置。皇后钮祜禄氏看着这个兰贵人，怒火中烧，她会怎么处置这个胆大妄为的兰贵人呢？

我们看过电视连续剧《甄嬛传》，里面的中宫皇后和甄嬛、华妃之间不时会发生冲突，甚至会发生妃嫔顶撞皇后的事情。这就必须加以矫正，在清朝的后宫，皇后具有绝对的权威，正常情况下，妃嫔不敢顶撞皇后。妃嫔的封号晋升、待遇的确定，甚至是否被皇帝召幸等，都必须禀报皇后，皇后有知情权。由此可见，《甄嬛传》中的皇后和妃嫔之间发生冲突的情况是不可能的。

按照资料记载，皇后钮祜禄氏和兰贵人之间，地位有着天壤之别。先看级别，后宫之中等级森严，有八个等级，分别是皇后、皇贵妃、贵妃、妃、嫔、贵人、常在和答应。贵人是后三级，地位极其低下，和宫女区别不大。接着看待遇，皇后的工资每年白银1000两，每天猪肉25斤，羊肉1盘，鸡鸭各1只，各种米4升6合5勺，各种面9斤8两，蜜糖1斤8两，各种干果9斤1钱，油2斤6两，各种蔬菜25斤，各种蜡烛20只，用炭夏季每天40斤，冬季每天80斤等，多大的量啊！可是，贵人的工资每年只有100两，供应更是无法和皇后比。所以，无论从级别看，还是从待遇看，皇后都是高高在上的主子，低下的妃嫔根本不敢顶撞皇后。

这就难怪了，这个兰贵人吓得屁滚尿流，一句话都不敢说，只有跪在地上，听候中宫皇后的发落。这时，只见钮祜禄氏昂然直入，看都不看兰贵人一眼，升入大殿中间的宝座之上，兰贵人则匍匐着过来，跪在下面。皇后钮祜禄氏传旨下去："来人，准备廷杖。"什么叫"廷杖"呢？

廷杖就是《甄嬛传》中的"一丈红"，是一种残酷的刑罚。按理，皇

后是没有资格使用这种刑罚的，因为清朝的家法不允许。查遍清宫历史，在咸丰之前，只有在乾隆四十三年，乾隆帝的惇妃使用廷杖打死过一个宫女，这还不允许呢，乾隆帝非常生气，重重处分了惇妃，不仅降级，而且罚银。可见，钮祜禄氏是气坏了，决心动用最残酷的“一丈红”来处置兰贵人。

正在这千钧一发之际，忽然听到殿外有人大声喊道：“请皇后手下留情，兰贵人已经怀孕了！”皇后钮祜禄氏先是一惊，是谁在喊叫，定睛一看，是咸丰帝。原来，他走了以后，马上意识到危险即将降临，兰贵人一定会遭到不测。于是，他立即赶了回来。皇后一看皇帝来了，赶忙走下宝座，给皇帝行礼，并且走向兰贵人致歉道：“你怎么不早说，我使用廷杖打你，是维护祖制和家法。可是，如果使你因此而堕胎，那也是违背了祖制。”皇后钮祜禄氏说着，上前搀扶起了兰贵人，嘘寒问暖，咸丰帝这才放下心来。

兰贵人惊魂未定，用手抚摸着肚子里的孩子，心说：“多亏了你，不然我命休矣。”

可是，皇后钮祜禄氏看了看咸丰，又看了看兰贵人，马上又心生疑惑，她在想：“怎么这么巧呢，她真的怀孕了吗？是不是为了保命，两个人合起伙来骗我呢？”

可怕的女人第六感

皇后的感觉没错，兰贵人根本没有怀孕，是咸丰帝惧怕皇后动用家法打坏了自己的心上人，才出此下策的。皇后虽然被蒙在鼓里，但还是体会到了这个女人的能量。心想，何不顺水推舟，晋封她的名号呢？于是，到

皇后钮祜禄氏看着
这个兰贵人，
怒火中烧……

李寅语录

兰贵人以色诱帝，实际上已经犯了宫中大忌，再这样发展下去，兰贵人恐怕要担当历史责任；或者说，有人会动用大清家法来惩治这个兰贵人。

咸丰四年，那拉氏晋封为懿嫔，嫔就算是宫中“小主儿”了，和贵人的身份有一个明显的界限。

这个时候的懿嫔，更加得宠，咸丰帝真的喜欢上了她。到咸丰五年的时候，懿嫔居然有了反应：呕吐、恶心，不想吃饭。她真的怀上了孩子。这让咸丰帝欣喜若狂，皇后钮祜禄氏也是异常高兴，她感觉自己的一片苦心没白费。

懿嫔自己呢？她开始了自己的规划。她抚摸着肚子，喃喃自语：“孩子啊，我的宝贝，你可给你额娘做脸，是个皇子的话，我们娘俩儿就有好日子了。”但是，那个时候没有B超，有的话，无论如何也得先查查，看看到底是不是皇子。懿嫔只有天天祈祷，听凭命运的安排了。

这时的咸丰帝是坐卧不宁，他都25岁了，还没有一个皇子，眼看着时光一天天过去，妃嫔们都应了一句话，叫作“庄稼不收年年种”。他倒是很用心，可是妃嫔们都不怀孕。还好，懿嫔怀上了，这次咸丰帝抱着极大的希望，渴望是个皇子。既然抱有希望，咸丰帝就不会含糊，他亲自部署，下旨对懿嫔特殊照顾。咸丰帝坚定一个信条：心诚则灵。

先是派人接丈母娘进宫。要是按照《钦定宫中现行则例》的规定，懿嫔既然已经怀孕，她的母亲就可以进宫照料。毫无疑问，谁照顾也不如自己亲生母亲照顾得到位。咸丰帝之前疏忽了，丽贵人怀孕的时候，就没有想到让她的母亲进宫，而这次再不能马虎了。于是，咸丰五年十二月二十四日，那拉氏的母亲进宫了。她由苍震门进来，直奔女儿的寝宫储秀宫。

懿嫔太兴奋了，进宫几年来，监狱一样的深宫令她感到窒息，多次想见见自己的母亲，但是由于自己身份低下，见一面谈何容易！今天要不是怀孕了，这种母女相见的机会是不会有的。她不顾身子重，挺着大肚子在宫门口迎接母亲的到来。

接着是刨喜坑，这是必须做的动作。今天的我们听起来很新奇，怎么做呢？

1. 选日子。要根据懿嫔的生辰八字、怀孕的日期等因素，选一个良辰吉日。经过钦天监的博士张熙测算，时间定在咸丰六年正月二十四日午时。

2. 选地点。这是关键，这个“喜坑”要选择合适的地点。张熙博士选来选去，最终把地点定在了储秀宫后殿明间东门北边，那里大吉大利。太监韩来玉带领三名太监日夜奋战，终于完成了任务。

3. 念喜歌。喜坑刨完之后，要找两名姥姥，做一些程式化的动作：念喜歌，安筷子，放金银锭。喜歌由姥姥念，一阵数叨，都是吉祥的话，什么生男好啊、大富大贵啊、产妇顺产之类的祈祷话。“筷子”，取的是“快快生子”的谐音。

其实，这个喜坑还有一个很重要的作用，那就是等懿嫔生完孩子之后，胎盘、脐带等要埋在喜坑里。

再接着是挑选妈妈里。妈妈里就是指一些服务于懿嫔的妇人，包括管理储秀宫灯火的、管理运水的等。经过挑选，共有 40 名妈妈里被选中，年龄在 24 岁至 40 岁之间，从二月初三日开始，进宫当差。

然后，准备大夫和接生婆。为了顺利生产，防止不测事件发生，储秀宫安排了很多御医，日夜守候，不时请脉。还准备了数名接生婆，上夜值班。

最后，准备接生的“手术室”。准备大小木槽两个，木碗两个，木铣一把，小木刀一把，长六尺、宽四尺的黑油毡一块。这些物品是用来处理懿嫔的胎盘和脐带时用的。此外，还准备了两样神秘的东西，一个是易产石，一个是大楞蒸刀。这两样东西平时存在乾清宫，后妃生产时，派人去请，挂在储秀宫产房门口。

懿嫔看着里里外外的人忙忙碌碌、有条不紊，自己一个人享受着这么多人的侍奉，真是舒服极了。虽然有的时候会有妊娠反应，但是她坚信会苦尽甘来的。一切准备就绪，就等着这一天的到来，紫禁城内众人瞩目。

勇闯“鬼门关”

咸丰六年三月二十三日，对于咸丰帝来说是个特殊的日子。他什么也不做，尽管南方战报频传，尽管军机处不断请示召见，咸丰帝都无暇顾及。咸丰帝那天的心情是异常激动的，他在等待，也在心里赌一件大事，那就是懿嫔即将分娩的孩子，到底是男还是女。他焦急地在屋里走来走去，仿佛空气都凝固了。

此时，另外一个人正在努力挣扎，她的面前是一道鬼门关，闯过去，前景光明，享不尽的荣华富贵；过不去，明年的今天就是她的祭日。这个人就是懿嫔那拉氏，她可没工夫想这个孩子是男还是女，她只是在想自己能闯过去吗？谁都知道，在那个时代，女人生孩子就等于闯鬼门关，有许多女人是闯不过去的，比如，康熙帝的孝诚皇后赫舍里氏，就没闯过去，因大出血，当天就死了。想到这里，懿嫔不禁战栗起来。御医们赶紧上前采取措施，此时姥姥们，就是有经验的接生婆们也上前扶住懿嫔，说些鼓励的话。看着懿嫔难受至极的样子，总管太监韩来玉凑上前，低声道：“主子，加油！”大家似乎受到了提醒，御医、姥姥、太监、宫女，一百多人齐声道：“懿嫔主子加油！加油！”

到了午时，懿嫔再也躺不住了，她站起来，挺着大肚子走来走去。孩子开始闹腾了，一脚一脚地踹她，每一次都心惊肉跳，简直就像是有一团大火在肚子里燃烧。懿嫔既惊慌，又受着阵痛的折磨。她站也不是，坐也

不是，来回走动。大家陪着她、随着她，已经没有任何章法了。

总管太监韩来玉见状，慌忙跑到养心殿，向咸丰帝报告："皇上，懿嫔主子似有转胎之象。"咸丰帝倏地从御座上站起来，不顾帝王尊严，抓住韩来玉道："快说，你主子生了吗？是不是皇子啊？"韩来玉慌忙跪下道："皇上，懿嫔主子快生了，大家正在准备。"咸丰帝焦急道："给我传旨懿嫔，一定生皇子，生皇子！"韩来玉赶紧转身，一路小跑，回到储秀宫。

等韩来玉大汗淋漓地回到储秀宫的时候，懿嫔已经被脱掉所有的衣物，上了"手术台"。御医们因为是男性，都不能进到里面，只守候在殿门外，只有发生不测，才可进入。在里面忙碌的只有那些宫女和姥姥。懿嫔的母亲站在一旁，紧紧攥着女儿的手。再详细的细节，韩来玉就看不到了，他还想进去传达咸丰帝的圣旨，却被宫女们挡在了门外。宫女向懿嫔报告："主子，有旨意。"懿嫔的双手被固定了，无法动弹，只是睁大了双眼，却什么也看不到，因为沁出的汗水模糊了她的视线。只听她大声地回应道："死去吧，我的命！"声音出奇洪亮，震动了大家，也震动了储秀宫。这是她进宫以来，头一次这么大声讲话。在场的人都震惊了，她的母亲吓得几乎松开了手，大家齐刷刷跪下来。顷刻间，一点儿声音都没有，大家的心都在颤抖，难道要大祸临头了吗？

大家心里明白，懿嫔的这句回应，不仅是抗旨，还带有诅咒皇帝的含义在里面，这在戒备森严的紫禁城之内，是前所未有的事情。闹不好会满门抄斩的，包括现场所有的人，会无一幸免地被杀死。空气凝固了，大家都蒙了。

就在这一刹那，只听一个姥姥大声说："动手吧，出血了。"大家齐望过去，懿嫔的下体出现了细细的血痕。于是，大家一齐站起来，纷纷涌向手术台，只听见一声清脆的、嘹亮的、略带沙哑的叫声传出来，韩来玉听得很清楚，这是婴儿的叫声，夹杂着懿嫔声嘶力竭的叫喊声，整个殿宇再次被震动了。

“生了，生了！”大家欢呼起来，总算松了口气。钦天监的博士看了一下时辰，是未时，就是下午 1 点至 3 点。一个姥姥出来，对众人说：“是个阿哥，母子平安。”太令人振奋了，韩来玉赶忙向外跑，准备去向咸丰帝报喜领赏，结果没有看清方向，撞在了墙上，额头沁出了血。

咸丰帝正在焦急中，看到急忙跑来的韩来玉，问道：“快说，是不是阿哥？”韩来玉结巴地说：“是是是，是阿哥，皇上，母子平安。”咸丰帝大喜过望，马上传旨：“懿嫔着封为懿妃，钦此。”

韩来玉回来传旨的时候，大家齐呼“万岁，万岁，万万岁”。只有懿妃一个人，静卧在床上，一动不动，脸色苍白，御医在一旁诊脉。半天的工夫，御医才出来，写下了这样的脉案：“请得懿妃脉息沉滑，系产后恶露未畅，肠胃干燥之症。今议用回乳生化汤，午服一贴调理。”懿嫔的母亲一看，不干了。老太太道：“你主子身子骨这么虚弱，是肠胃不和，干吗用回乳汤啊？”御医看了看老太太，有些不知所措。这个时候，里面的懿妃传出话来：“就照御医的方子。”

原来，这是宫中规矩，后妃产子后，必须马上服用回乳汤。这究竟是什么方子？难道是咸丰帝赐死懿妃的方剂吗？

大阿哥就是不“开口”

懿妃的母亲看着虚弱的女儿，很是心疼。她担心一件事，皇帝会不会在大阿哥生下之后，杀了女儿啊。关于宫中的险恶她是多少知道一点儿的，自古以来就有留子杀母之说。尤其是汉武帝的“钩弋故事”，杀死了年轻的钩弋夫人，留下了她的幼子如意儿。懿妃母亲很害怕，紧紧握住女儿的手，生怕皇帝传旨下来，要了女儿的性命。

懿妃看了母亲一眼，居然笑了。她命人把御医的方子拿过来，看了看，叫韩来玉进来，虚弱地说道："你解释给姥姥听吧。"韩来玉是明白的，这不是什么赐死的药单子。相反，这是咸丰帝的恩旨，是圣主隆恩。为什么呢？

清宫规定，凡是帝王的妃嫔，生下孩子之后，就要请御医安排药物，目的很明确，就是不让他的妃嫔产奶。这可奇怪了，一般老百姓都怕母亲产不出奶来，孩子吃不上奶会饿死。皇家怎么这样呢？原来，皇帝是怕妃嫔产奶不方便，便给她们喝回乳汤。而那些婴儿则只好吃别人的奶了，皇帝会从外面找来大约30名乳母，喂养自己的孩子。这些乳母是有条件的：

第一，必须是旗人，就是满洲八旗人。

第二，必须是长相端庄的女子，因为有一种说法，小孩子吃谁的奶，长得就会像谁。

第三，必须是刚刚生产过的女人，而且要求是二胎产后的女人。这样的女人的年龄大概在30岁。

第四，奶水必须旺足。为了奶水旺足，皇家会让她们每天吃不加盐的猪肘子和肺头。据说，这些东西可以帮助产妇下奶。可怜这些女人，不能喂养自己的孩子，为了生计，不得不受这种罪。

懿妃的母亲听了韩来玉的解释，马上释然了。

这个时候，突然来了一伙人，直接走进大阿哥的房间。懿妃问韩来玉："这些是什么人？"韩来玉答："是来看小方脉的。"懿妃点了点头，转而说道："还是比我要重要啊。"一股醋意油然而生。韩来玉所说的"小方脉"究竟是什么呢？

"小方脉"是太医院的一个科室，相当于我们今天医院里的小儿科，是专门给小孩子看病的专科门诊。大夫们诊过大阿哥之后，发现他气色很好，睡得也安稳，脉息也平和，便开了一个单子，上面写了三个楷书的大字：“福寿丹”。接着，御医在上面开出配药的细目：朱砂一分，黄连一分，甘草五厘，蜜水调服。然后，把这个药单子交给总管韩来玉过目。韩来玉拿着单子，来到懿妃的房间，请懿妃过目。

懿妃一看，请宫女服侍戴上金护指，用护指划着药单子上的字，一行行地看。因为刚刚生产，太过用力，手指都出血了，她必须戴上护指，以掩盖这些痕迹。懿妃问过小方脉的大夫，让他们解释。大夫道：“回懿妃主子，朱砂可以安神，定惊；黄连具有清热解毒的功用；甘草则可以润肺，也可以解毒。”懿妃看了看，说道：“你们小心点儿，当心大阿哥，他的咽喉嫩着呢。”

懿妃为什么交代小方脉的大夫这些话呢？原来，大夫们给大阿哥配的是口服药。这很奇怪，他又没什么病，吃什么药呢？原来，这是一种风俗，叫作“开口”。大阿哥刚刚来到人间，还没有开口吃过任何东西，皇家讲究，给他配制了“福寿丹”，让他吃下去，就算是“开口”了。而且，服过“福寿丹”，将来就会能说会道，福气满身了。所以，这种丹剂又叫“开口”。咸丰帝很重视，叮嘱太医院千万不要忽略了大阿哥的“福寿丹”。

可是，这种丹剂里面的配方有很奇怪的刺激气味，比如，黄连是苦的，甘草很刺激，成人都不愿意吃它，大阿哥会吃下去吗？懿妃很担忧，便说出了上面的话。

果然，大阿哥根本不接受这个“福寿丹”。当姥姥们服侍着企图灌下去的时候，小家伙居然一次次吐出来，再要强行灌下去的时候，他已经合上了眼睛，看上去很疲乏，御医们没有办法，便放弃了给他“开口”，草草了事。

可是，奴才们不敢把这种事报告给主子，以免自找麻烦。他们向来是报喜不报忧。于是，这帮家伙向懿妃报告，谎称大阿哥“开口”顺利，赶紧进行下一个环节。懿妃忙问：“该干什么了？”

金盆“洗三”

韩来玉凑近懿妃道：“主子，只等后天了，主子要静养身体，到时候好有精神。”懿妃想了想，对了，后天就是三月二十五日，不错的日子，大阿哥三天的日子。到时候，要选择良辰吉时，为大阿哥举行“洗三”仪式。

“洗三”并非是只有满族才有的仪式，古代汉族也有。两宋时代，大江南北民间都有“洗三”的习俗。到清代，有一本资料《道咸以来朝野杂记》这样记载洗三：“三日洗儿，谓之洗三。”说明了洗三的含义，就是孩子出生后第三天，就要举行这个仪式。

大阿哥的洗三仪式由韩来玉操持，做了多方面准备。

一是确定洗三时辰。经过钦天监的博士测算，大阿哥的洗三时间是三月二十五日，具体时辰是午初二刻，相当于现在的11点半。

二是准备洗盆。大阿哥至尊至贵，他的洗盆是专门定做的一个大金盆，上面刻满九龙闹海的纹饰，金光闪闪。

三是下通知。韩来玉忙前忙后，先向咸丰帝汇报，咸丰帝乐得其事，积极准备礼物；皇后钮祜禄氏也非常高兴，命令自己的总管太监准备好了礼物；还通知了咸丰帝的其他妃嫔、前朝的太妃们、宫外的宗室们，还有那些太监、宫女，都要准备礼物，前往参加大阿哥洗三仪式。

四是找好洗婆。为大阿哥洗三的人必须严格挑选，要找一个或几个老太太，这些老太太不仅要儿女双全、子孙满堂，还要知识丰富、口齿伶俐、干净利落。

一切准备就绪，只欠东风了。

吉时已到，洗三开始了。只见一个很精神的姥姥把大阿哥抱出来，站在大金盆面前，司仪官高喊：“开始，请献礼，大阿哥受礼。”这个时候，大家鱼贯而入，都带着礼品来的，要献给大阿哥，称之为“添盆”。我们来看看都有什么礼品。

咸丰帝，赏给红雕漆盒一个，内有金洋钱四个，金宝一分，银宝一分。

皇后钮祜禄氏，赏给金银八宝八个，金银如意四柄，金银钱四个，棉被两床，棉褥两床，白布口袋两个，棉袄四件，夹袄四件，袜子四双，吗哪哈（小孩衣服）四套，兜肚四个，抱抱帘四个，红绸带四条，月白纺丝带四条，枕头两个，头挡一个。

咸丰帝的其他妃嫔、王公宗室、太监宫女，包括懿妃之母，也就是大阿哥的外婆等，都添了盆，把一个偌大的金盆填得满满的，有的东西装不下，就堆在金盆的外面了。

添完盆之后，开始给大阿哥洗澡。大金盆里面早放好了用槐树枝、艾蒿叶熬成的热水，热气腾腾的。姥姥小心翼翼地把大阿哥放进金盆里面，开始了关键的洗浴环节。

大阿哥显然感到了害怕，他惊慌地叫了起来，声音很洪亮。姥姥们很有经验，轻轻抚摸着他，撩起水，给他擦拭。大阿哥还真听话，不一会儿就不再哭叫，而是懒散地浮在水中，放松了神经。

姥姥们七手八脚，洗头的、洗脚的、洗腰的，边洗边念叨：“洗洗头，做王侯；洗洗腰，一辈倒比一辈高；洗洗蛋，做知县；洗洗沟，做知州。”姥姥们念叨的时候，有些心虚，因为大阿哥是皇子，这些民间的说法显然不妥。但是，咸丰帝下旨：“但说无妨。”姥姥们这才放心大胆地念叨起来。

接下来，要用干净的茶水擦拭大阿哥的牙床。其中有一个目的，就是要大阿哥放声大哭，这样才大吉大利。懿妃虽然舍不得，但这是一种习俗，也一定要做。姥姥擦拭大阿哥牙床的时候，大阿哥哭声真是很响亮，大家一起鼓掌，认为是大吉大利了。

最后是打大阿哥，用什么打呢？用一根大葱。姥姥们无论如何也不敢打大阿哥啊。怎么办呢？于是决定打大金盆的边沿。姥姥边打边说："一打聪明，二打伶俐，三打明明白白。"即使如此，大阿哥还是给吓哭了，哭声又一次震动了殿宇。接着，总管韩来玉把这根大葱扔到了屋顶上面，这也是一种习俗。

洗三结束了，懿妃早就疲惫不堪，睡过去了。当韩来玉跑进来向她报告的时候，懿妃惊出一身冷汗，她倏地坐了起来。

把孩子吊起来

韩来玉慌忙上前扶住懿妃，低声道："主子，怎么了？"懿妃这才意识到刚才是睡着了，可能是太疲劳了，才在迷迷糊糊中睡过去了。

懿妃感觉到韩来玉要报告什么，便问起大阿哥的状况。韩来玉简单讲了洗三的情况，尤其是介绍了各房的添盆情况。懿妃关注的只有两个人，一个是皇帝，一个是皇后。这关乎到他们对自己的态度是不是有了变化。

懿妃了解到咸丰帝的添盆后，便有些失望了。在她的期望中，会更多一些，不会就这么点儿吧？"就这些了，当时很多人在场，还记录在账目中。"韩来玉回应懿妃。懿妃的失落之感顿然产生，她想起一件事来，那就是去年丽妃生大公主的时候咸丰帝的赏赐。她让韩来玉去查账目，结果很快出来了，是不一样的，当时咸丰帝只赏了一些女孩子的小东西，远不如大阿哥的赏赐。懿妃这才不再追问这件事。

可是，她还是特别想知道皇后添了多少东西。韩来玉记不清了，赶忙把账目递过来，让懿妃过目。懿妃看得眼花缭乱，东西实在是太多。韩来玉觉得皇后真不错，体现了对大阿哥的重视。而懿妃看着、看着，却唉声叹气起来，这让韩来玉不解。

其实，奴才就是奴才，见识短不说，宫中的规矩都不知道。懿妃这种失落也好，叹气也好，都不会是无缘无故的。因为她的大阿哥就要离开她了，虽然自己辛辛苦苦怀胎10个月，尤其是生孩子的时候，简直就是在拚命，才闯过了这道鬼门关。但这些都没用，这个孩子迟早会被抱走的，他是属于皇后的。懿妃说得没错，清宫规定，不论谁生的孩子，过了满月都要被抱走，抱到皇后处抚养，管皇后叫额娘。而他的亲生母亲要想见一见自己的亲生子，也还要到皇后的寝宫去。

所以，懿妃非常重视这一个月的时间。她询问大阿哥这一个月的仪节安排，看看都有什么。韩来玉说下一个仪节该是“升摇车”了。

“升摇车”也叫“升悠车”，是满洲在关外的一大习俗。有一句顺口溜这样说道：“关东外，三大怪，窗户纸糊在外，姑娘叼个大烟袋，养活孩子吊起来。”听起来很新鲜，小孩子为什么要吊起来呢？

这种习俗起源于原始社会时期，关外的满洲祖先过着游牧民族的生活，年轻的男女都要为生计出去打猎。那些刚刚生下来的小孩子谁来照顾呢？在大森林里，虎狼出没，放到地上是不安全的，怎么办呢？他们想了个办法，把孩子裹好，挂在树上，这样就不会被伤害了。这种习俗被沿袭下来，到满洲过上定居生活以后，他们仍然喜欢把孩子吊起来。不过，这回不是树上，而是准备了“摇车”，把生下的孩子放进摇车里，吊起来。

满洲的摇车形状特别，就像小船儿一样，用木板制成。摇车的四面都嵌上金属圆环，圆环里面拴上绳子，用于吊挂。摇车的四周一般会画上各种类似于卡通一样的彩画，看起来很童真；里面的下部则垫上一块木板，摇车的四周还会系上很多铃铛、布娃娃之类的东西，吸引孩子。

大阿哥的摇车早就准备好了，珍贵的花梨木料、金灿灿的吊环装饰、生动的腾龙纹饰，都显示了大阿哥的尊贵。里面的铺垫、摇车上面的玩物更是琳琅满目。这个懿妃并不担心，她最关心的是两件事。

一件是升摇车的时间。韩来玉禀报，已经确定下来了，是在大阿哥10天那一天，这也是沿袭习俗，就是四月初二日这一天了。具体时辰，则需要钦天监的博士测算。结果出来了，是在卯时，也就是在上午的5点至7点之间，这是有含义的，寓意蒸蒸日上。

另一件是升摇车的地点。皇后会不会把孩子抱到她那里升摇车呢？那是懿妃最担心的事情了，她想在储秀宫里升摇车。韩来玉禀报："主子，皇上定下来了，就在储秀宫里升摇车。"懿妃如愿以偿，钦天监博士奉命赶来相看升摇车地点。经过相看，地点定在了储秀宫后殿东次间。

终于等到了四月初二这一天，大阿哥还在睡梦中就被姥姥们抱起来，他非常不情愿地大叫起来，接着是尿了，又拉了。姥姥们、太监们、宫女们一阵忙碌，总算把大阿哥收拾得干干净净。但是，他并不知道接下来要做什么，又沉沉地睡去了。

卯时到了，参加仪式的人一拨拨来了，各司其职。造办处的太监先出场，手里拿着一个咸丰帝亲笔书写的"福"字，小心翼翼地贴在了摇车上面。接着，营造司的首领太监登场了，他念念有词，细听才知道是"喜歌"，是对大阿哥的祝福和恭维之类的话。再接下来，才轮到储秀宫首领太监韩来玉出场，他很庄重地用双手擎着一炷香，走在前面，引导着一位会满语的老师（称为"谙达"）走进大阿哥的寝宫，谙达轻轻把大阿哥抱起来，大阿哥似乎还没有醒，便在众人的簇拥下，安然地升入摇车。接着，咸丰帝的御前太监、皇后的总管太监、各宫的太监纷纷献上礼品，大

满州的摇车形状特别，就像小船一样，用木板制成。摇车的四周一般会画上各种类似卡通一样的彩画，看起来很童真，里面的下部则垫一块木板。里面的下部则垫上一块木板，摇车的四周还会系上很多铃铛、布娃娃之类的东西，吸引孩子。

李寅语录

懿妃的母亲看着虚弱的女儿，很是心疼。她担心一件事，皇帝会不会在大阿哥生下之后，杀了女儿啊。关于宫中的险恶她是多少知道一点儿的，自古以来就有留子杀母之说。

多为小荷包，里面装上金钱数枚，塞得摇车里都快满了。可惜，由于有太监在摇晃着摇车，大阿哥似乎很受用，也不知道是醒着还是睡着，因为摇车离开地面有四尺高，人们无法也不敢探头向里面观看究竟，他没有哭闹。

大阿哥10天升摇车，各方面都很尽力，做到了万无一失，大家心里的一块石头总算落了地。可是，韩来玉没想到，懿妃突然把他找了去，向他提出了那样的要求，这让韩来玉非常为难，他不知所措了。

一个孩子，两个基本点

韩来玉为难什么呢？是因为懿妃要他做一件不可能实现的事，那就是要他去请咸丰帝晚上过来，在储秀宫过夜。

韩来玉知道，妃嫔生孩子后，由于身体不适，皇帝是不会到产妇那里过夜的。对此懿妃也是知道的，可她为了控制皇帝，便想方设法地让咸丰帝到储秀宫去。韩来玉是做不到的，他也不敢前往请皇帝驾临储秀宫。

他还有一个顾虑，就是皇后的约束。即使皇帝乐意前往储秀宫，皇后也会使用家法和宫规干预的。韩来玉劝懿妃还是谨慎为好，不要莽撞行事。懿妃听从了韩来玉的规劝，但她又提出了一个要求，要韩来玉想办法，争取把大阿哥留在她身边，不要过早地被带到皇后那里去。

按理，升完摇车，孩子就要被抱走了。可是，懿妃不放人，那就过完小满月吧。小满月就是四月初五，孩子产后13天，这一天，皇帝、皇后、妃嫔等，还像升摇车那样，赏赐给大阿哥很多的物品。皇后想借着这个机会抱走孩子，但是，懿妃还是不给。从此之后，皇后钮祜禄氏再也没有提到抱孩子的事情，只是会不时前来看望这个大阿哥。

接下来，发生了一件事情，使得懿妃不得不主动同意把大阿哥交给皇后抚养。究竟什么事情能让心机极深的懿妃最终让步了呢？这件事源于大阿哥的满月礼。

大阿哥终于满月了。这个时候的大阿哥面色红润、天庭饱满，很是招人喜爱。而且，大阿哥的头发很黑，也很亮，看起来很健康的样子。只是，头发太长了，长了一个多月都没有剪过，头发都盖过眉梢了。

皇后抱着大阿哥，传旨赏赐，并递上了赏单，请懿妃过目，懿妃谦恭一阵之后，细细过目：金镯四只，金带头一个，金扳指一个，银镀金镯四只，银镀金铃铛、升、斗、钟、印玺各一分，小瓜皮帽两顶，单纱小衣服八件套，肚兜两个，裤子两条，鞋袜四双。

懿妃看过，说道："皇后赏赐的太多了。"接下来，懿妃拿出了那枚金扳指，道："皇后，小孩子用这个早了点儿。"皇后放下大阿哥，一脸正色道："懿妃啊，我正想和你说这件事呢。"于是，皇后就着扳指，讲述了男孩子的责任，说这是一种寓意，要求大阿哥将来要肩负起国家的重任。

皇后是不是有点儿小题大做了呢？一个扳指能有这么大寓意吗？有的。满洲旧俗，成年男子要在大拇指上佩戴扳指，其作用是保护大拇指不被弓弦划伤，因为成年男子要弯弓射箭。所以，扳指寓意男孩子已经成年，要开始有担当了。可是，大阿哥刚刚过满月，皇后就赏赐扳指，是不是早了点儿呢？

皇后认为刚刚好，对别人来说是早了点儿，对大阿哥来说正好。因为他的使命不同。皇后接着说："大阿哥不比寻常人，今天是满月，安排他剃头吧。"懿妃一听大吃一惊，小孩子的皮肤那么嫩，剃头会划伤的，弄不好，大阿哥会大哭一场。

但是，一切都安排好了，钦天监的博士已经算好了时间，在四月二十三日午正二刻剃头。这一刻，大阿哥大喊大闹，剃头的师傅费了九牛二虎之力才完成了任务。不过，令人惊奇的是，大阿哥的头发被剃成了成年男子的模样：前额至鬓角的头发被剃去，从上脑的中部到脑后部的头发留了下来，被梳成了一个小辫子，拖在了脑后，辫梢系上了一根鲜艳的红头绳。

懿妃一看，什么都明白了，这是在逼迫她，要她交出大阿哥。她完全没有想到，平日看上去木讷的皇后会如此有心计。她无话可说了，主动交代韩来玉，要他在晚饭之后把大阿哥送往皇后寝宫。

皇后胜利了。不过，皇后钮祜禄氏毕竟是一个善良的人，她决定到大阿哥百日的时候，把孩子送回去，让他们母子团圆。

七月初三，是大阿哥一百天的日子。皇后传来消息，一会儿派人把大阿哥送回来。懿妃高兴万分，好久没见到儿子了，难免想念。她命人把储秀宫打扫干净，并命令韩来玉前往皇后寝宫，接大阿哥回家。

在民间，对孩子一百天都很重视。可是，在满洲却有忌讳。因为满洲百日有“凶日”的说法，凡人去世，到一百天的时候，就要被火化掉，满洲在入关前后，有火化的习俗。所以，满洲人忌讳“百日”的说法。一般他们会把“百日”改为“百禄”，但终究是心存忌讳。可是，懿妃由于思儿心切，就管不了那么多了。就这样，一百天的大阿哥终于回到了亲生母亲的怀抱。

这孩子大有希望

《红楼梦》第二回，有这样一段故事：“那周岁时，政老爷试他将来的志向，便将世上所有的东西摆了无数叫他抓，谁知他一概不取，伸手只把那些脂粉钗环抓来玩弄。那政老爷便不喜欢，说将来不过酒色之徒，因此便不甚爱惜。”这段故事，描述的是贾宝玉满一周岁的时候，抓晬盘时的情形。由于贾宝玉只抓了一些女人使用的用品，贾政便认定他是一个没有志向、玩弄女人的好色之徒。

抓晬盘是我国的一种风俗，无论汉满，都会使用这种办法来检验小孩子将来的志向，因此，又称为“试儿”。

咸丰七年三月二十三日，是大阿哥载淳的一周岁生日，宫里宫外非常重视。在民间也是如此，孩子的一周岁是家里最重视的事情，一般要请来亲朋好友庆祝一下。皇家就不用说了，沿用这个传统，摆宴席、颁发赏赐、奖励下人等，形式多样。总之，就是为庆祝孩子生日。

抓晬盘是必不可少的一项活动，宫里一般会按照制度准备。《钦定宫中现行则例》规定：“每逢皇子周岁晬盘，例用玉陈设二事，玉扇坠二枚，金匙一件，银盒一圆，犀钟一捧，犀棒一双，弧一张，矢一枝，文房一分，晬盘一具，中品果桌一张。”

大阿哥载淳的周岁晬盘早就按照《则例》的要求准备好了。经过钦天监的博士测算，载淳抓晬盘的时辰定在三月二十三日的卯时，仍然取蒸蒸日上之意。正当宫里宫外忙碌准备的时候，突然出现了问题。

还是皇后和懿妃两个人的问题，皇后认为抓晬盘应该由她来主持，在皇后的寝宫中进行；懿妃则坚持要由她来主持，在储秀宫进行。怎么办呢？消息报到了咸丰帝那里，咸丰帝不知所措。他来到皇后处所，皇后坚持由自己主持，不想更改。于是，他决定劝懿妃改变主意。可是，当他来到储秀宫的时候，懿妃一见皇帝来了，便跪在那里，一通哭泣，泪水像断了线的珠子一样，哗哗留下来，哭得咸丰帝手足无措，道：“好了，好了，就依你，在这里举行。”最终，两个女人互不相让，咸丰帝做出了一个折中的做法：在皇后的寝宫进行，由懿妃抱着载淳抓晬盘。咸丰帝绞尽脑汁，协调了关系，事情总算得以解决。

大家有些担心，大阿哥载淳会不会起不来呢？按照以往的习惯，载淳这个时候还在睡觉呢。皇后钮祜禄氏向来不管孩子，随便大阿哥睡，睡到自然醒。所以，载淳每天不是玩就是睡觉。三月二十三日这一天，懿妃早早赶到了，她蹑手蹑脚来到载淳寝室的外间，生怕动静大了，打搅儿子。可是，让她大感意外，载淳早就醒了，正在和乳娘玩耍，还不时发出大声的叫嚷声。好久不见了，这个孩子已经能够说话，认识人了，也该懂得一些浅显的道理了。懿妃一阵心酸，泪水就下来了。但是，她很快克制住自己的情绪，心想千万不要让孩子看出来，更不能叫下人看出来。

卯时已到，懿妃抱着载淳站在了晬盘的面前。载淳被亲生母亲抱着，很不老实，不时要下来，眼睛一直盯着奶娘，偶尔还会看一眼皇后，就是不理会懿妃。这让懿妃颇感难堪，自己的孩子与自己不亲，还老想着挣脱她，投进奶娘的怀抱。皇后庆幸地想，亏了不是要投进她的怀抱，不然懿妃又该吃醋了。

懿妃使劲儿控制着载淳，不使他挣脱，很不客气地喝住了爱动的载淳："听话，听话！"还好，尽管懿妃弄疼了载淳，这个孩子并没有哭，而是很陌生地看着母亲，再也不乱动了。

总管太监把懿妃母子引导到一张大桌子面前，上面放着一个金色大盘子，各种什物已经被放进去了。载淳被放到了桌子上，大家的目光一下子聚焦在了载淳身上，看他究竟有怎样的表现。载淳呢，他的目光则狠狠盯住晬盘里面的东西。不等引导，他就开始乱抓了。档案中留下了载淳抓晬盘时的情况："先抓书，次抓弧矢，后抓笔。"载淳的这个表现太精彩了，大家一阵喝彩，不仅皇后脸上出现了笑容，就连久不见笑容的懿妃脸上也绽出灿烂的微笑。大家议论纷纷，这个孩子真的是大清的希望，他将来不仅喜欢学习，还喜欢骑马射箭，文武双全，绝对不像贾宝玉那样，是个好色之徒。一时之间，载淳成了大清的希望，成了咸丰帝的希望，也成了生母懿妃那拉氏的转运之珠。

压力山大

在旁人眼里，大阿哥载淳真的是一颗幸运珠。他自己非常幸运，出生在帝王之家，被大家宠着，谁都想争取他。他还是一颗转运珠，扭转了咸丰帝的运气，十年的婚姻，终于见到了孩子，而且是男孩子，接班人是没问题了；扭转了懿妃那拉氏的命运，母以子贵，她由一个名不见经传的地位低下的女子，一下子成了万人瞩目的贵妇人，为她以后登上历史舞台提供了一个千载难逢的良机。

而在载淳出生之前，咸丰帝别提多着急了。

他对萨克达氏抱有期望。道光二十六年结婚以后，便努力为之，结果，这个女人不但没能生出孩子来，自己还寿命不永，仅有一年多的婚姻，就结束了生命。这让年轻的咸丰非常悲伤，慨叹人生无常。

他对皇后钮祜禄氏抱有期望。钮祜禄氏不仅长相端庄，而且颇有母仪天下之风，咸丰帝对她有厚望焉。钮祜禄氏也是兢兢业业，一切为了大清，一切为了爱新觉罗家族，努力维持着、营造着和谐的大家庭。可是，钮祜禄氏哪儿都好，唯独一样不咋地，那就是她不能生育。这可是一个女人致命的缺欠。钮祜禄氏自知理亏，对咸丰帝百般迁就，甚至对他嫖妓玩娼也予以容忍。尽管如此，咸丰帝对钮祜禄氏还是产生了些许不满和抱怨。

他对丽妃他他拉氏抱有希望。他对这个女人的期望值出奇的高，为什么呢？

一是这个女人颜值高。高颜值的女人在后宫之中就是占优势，咸丰帝对她是一见钟情。清秀的面容，精致的五官，加之白嫩细腻的皮肤，让咸丰帝神魂颠倒，总找机会到丽妃那里去。

二是这个女人可人。丽妃不仅是个美人胎子，还具有跟林黛玉一样的气质。她性格温顺，说话轻声细语；不仅如此，丽妃还身体虚弱，一个清代版的林黛玉，这对于好色的咸丰帝来说，简直就是天赐尤物，太喜欢了。

于是，咸丰帝对丽妃情有独钟，日夜为欢。不过，咸丰帝也有一个冠冕堂皇的借口，就是为了大清的子嗣，他全身心地寄希望于这个弱女子身上了。别人能说什么呢？尤其是皇后，自己不能生育，绝对不能干涉皇帝临幸其他的女子。

果然，丽妃率先怀孕了，欣喜若狂的咸丰帝抱有极大的期望。他满以为自己与丽妃修成了正果，丽妃一定会给他生下一个可爱的皇子。可是，事与愿违，丽妃生下的是一个公主，这让翘首盼望的咸丰帝的情绪一下子跌入低谷。他感到绝望，这辈子还有希望吗？

最终，这个希望让叶赫那拉氏给实现了。咸丰帝简直就不敢相信，这个并非美人胎子的那拉氏会给自己生出皇子来。当咸丰五年懿嫔怀孕的时候，咸丰帝根本不抱太大的希望。因为希望越大，失望越大。可是，咸丰六年三月，当懿嫔产子的消息传来的时候，咸丰帝真的是大喜过望了，他甚至用手指使劲儿掐自己："这是真的吗？"所以，咸丰帝破格地当天就晋封了懿嫔的封号。那拉氏一日之间成为妃子，就是堂堂正正的主子了，她自己也感到了这个孩子的重要性。

可是，大家忽略了一个人的感受，就是大阿哥载淳的感受。从他抓晬盘之后，就有一股巨大的压力跟随着他，简直让他透不过气来。

父皇给他压力。咸丰帝把他视若掌上明珠，给予厚望。5岁时就给他找老师，各种各样的老师，教给他怎样治国、怎样理政。他才5岁呀，怎么受得了这些，小载淳感到压力山大。

两个母亲给他压力。载淳有两个母亲：皇后和母后。这两个女人时刻关注着载淳，他感到这四只眼睛时时刻刻在注视着自己。太紧张了，太没有自由了。频繁的召见，不断的赏赐，让载淳感到了厌烦。查阅史料发现，载淳仅仅出生1周，经过洗三、小满月、满月、百岁、晬盘5次赏赐，就得到了金银器800余件，衣物600余件，荷包、玉器等70余件，还有其他很多赏赐。这对于一个小孩子来讲有什么好处？只能让他感到厌烦和压力，他真的很难承受。

所以，载淳的出生使咸丰帝、皇后、懿妃转变了命运，他成为他们的“转运之珠”，于是，大家宠他、爱他，对他寄予厚望，这个“厚望”包含着太深的内容，甚至可以理解为整个民族或者是整个国家的希望。那么，小小的载淳能够扛起这份责任吗？

第二章 在旋涡中

我们今天的教育思想表明，对于小孩子的成长，一定要选择一个好的环境。我先看一段古文：

昔孟子少时，父早丧，母仉氏守节。居住之所近于墓，孟子学为丧葬，躄踊痛哭之事。母曰："此非所以居子也。"乃去，遂迁居市旁，孟子又嬉为贾人炫卖之事，母曰："此又非所以居子也。"舍市，近于屠，学为买卖屠杀之事。母又曰："是亦非所以居子矣。"继而迁于学宫之旁。每月朔望，官员入文庙，行礼跪拜，揖让进退，孟子见了，一一习记。孟母曰："此真可以居子也。"遂居于此。

这就是著名的"孟母三迁"的故事。3岁的孟子，正处于成长的关键时刻，母亲为了他的成长，尝试着寻找合适的环境。墓地旁边，孟子荒于哭踊；集市旁边，孟子荒于叫卖；屠宰场所，孟子荒于屠杀。通过尝试，孟母认为这些环境都不适于孟子的成长和学业的长进。最终，她找了一处"学区房"，周围的人温文尔雅、谦恭礼让，孟母认为这才是他们应该居住的环境。

孟子成功了，古人总结是因为母亲的循循善诱，是环境的正面影响。这有一定的道理。那么，本书的主人公，大阿哥载淳处在一个什么样的环境中呢？

两种感觉，两种态度

在咸丰帝的心目中，载淳的出生给他两种感觉。

一是高枕无忧。之前的危机完全解除了，结婚之后十年的苦恼，这个时候没有了。这证明了自己不但身体完全健康，而且生育能力没有任何问题，这个孩子来得太及时了，打消了所有人的顾虑。

可是，这个咸丰帝哪来的自信呢？这才生了一个皇子，就觉得高枕无忧了，想想祖先的生育能力，不感到汗颜吗？圣祖康熙，一生生育了55个子女，选择接班人的余地多大呀；乾隆帝生育27个子女，成活下来的皇子，个个健康壮硕，选择接班人也没有问题；就连入关第一帝顺治帝，虽然仅仅活了24岁，却也生育了十几个子女，人家选择接班人的时候，也没有太过伤脑筋。而这个咸丰帝呢？仅仅生育了一个皇子就沾沾自喜，实在是不知天高地厚了。

二是望子成龙。咸丰帝希望，这个大阿哥一定不要辜负自己的殷切希望，百年之后顺利接班，成为一名合格的帝王。于是，咸丰帝开始了自己的安排。

他先找皇后商量，要怎样培养这个孩子。钮祜禄氏也一直在观察这个孩子，她对载淳已经很有感情了，总将他带在身边，宛如亲生的一样。不过，钮祜禄氏发现，载淳有很多缺点。比如，好玩，凡是玩的东西都喜欢，还很投入，当他玩布偶的时候，皇后叫他，他都听不见。再比如，好打闹，与小孩子在一起打闹会非常开心，如果皇后批评他，他就会小嘴一噘，显得很不高兴。不过，皇后不计较，小载淳也很快就高兴起来，不会长时间怄气。

“我就喜欢大阿哥的这种性格，不记仇。”咸丰帝调笑道，“这一点是不是随我呢？”钮祜禄氏哑然失笑，却不敢搭话回应。

咸丰帝接着对皇后提出了要求，要严格培养载淳，不得放纵他，一味地玩耍、不思上进不行，大清朝将来还指望他呢。皇后听到这里，不得不说话了：“皇上，阿哥还小呢，我心里有数。”

咸丰帝一看，明白了三分。这个皇后的性格他是知道的，温柔、善良、心肠软。从她对待其他妃嫔的态度就很能说明问题了，她从不争风吃醋，皇帝到其他妃嫔房中过夜，她不会妒忌，只是担心咸丰帝的身体：“你看看你，面色这么蜡黄，我叫御膳房给你补补身子吧。”所以，咸丰帝不相信钮祜禄氏能够管好这个顽皮的载淳。

怎么办呢？解铃还须系铃人，还是找他的亲生母亲吧。对于懿妃，咸丰帝印象深刻。这个女人和皇后正好相反，但是，咸丰帝也搞不懂那拉氏到底有着怎样的性格特征。这很好理解，咸丰帝不知道就对了。那些后宫的女子，谁敢暴露自己的性格呢？必须隐藏起来，这是皇宫，过分暴露性格会遭杀身之祸的。正像咸丰帝感觉的那样，那拉氏隐藏得很深。

尽管如此，咸丰帝还是看出了那拉氏的基本性格：坚毅而狠辣。从生大阿哥来看，懿妃是坚强的，出了那么多血，并没有吓到她，后来谈到这件事的时候，她能够淡然笑之。咸丰帝说，自己作为一个男人，都远不如她。而那拉氏则很会给他圆场：“皇上不是怕，是晕血吧。”咸丰帝心里明白，他不是晕血，是害怕。

至于狠辣的性格，咸丰帝是体会出来的。这个那拉氏的心狠，是和皇后比较出来的。每当年终勾绝的时候，咸丰帝都会很犹豫。而什么是“勾绝”呢？就是给犯人判死刑。刑部把死刑犯的名单交给皇帝，要皇帝决定，皇帝说杀谁就杀谁。咸丰帝懦弱心软，总是不忍心勾绝。这个时候，那拉氏却敢于鼓励他，要他迅速下决心。“懿妃的心真狠。”他当时就产生了这样的想法。不过，由于后妃不得干政，懿妃并没有更深入的表现，他也就是一个判断而已。

果然不出所料，咸丰帝和懿妃谈起载淳教育的时候，懿妃大为不满，她提出了很尖锐的看法：一是不能娇惯孩子，小孩子娇惯就会学坏，就会不长进；二是不能由着他的性子来，皇家条件好，诱惑太多，不能让他为所欲为。

咸丰帝一听，吓了一跳，原来懿妃这么有想法，真是知子莫若母，还是他的亲生母亲了解他。不过，咸丰帝转念一想，懿妃此番话，是不是另有所指？真的只是为了这个孩子的成长吗？他的脑海间猛然蹦出“宫斗”两个字，懿妃是不是借此在影射皇后呢？

确实，在深宫之中，咸丰帝的估计是对的，后妃之间往往会借题发挥，大阿哥的教育问题极有可能会引发深刻的宫斗。

都是奴才的错

小载淳逐渐长大了，由于咸丰帝的安排，他是两头待，一头在皇后那里，一头在母亲那里。说实在的，载淳更多的时间喜欢待在皇后那里，而不是亲生母亲那里。倒不是因为皇后的待遇高，而是皇后对他的态度，那种柔和的、温柔的、轻声细语的关怀使载淳离不开这位嫡母。相反，懿妃母亲却是非常严厉的，让他感到莫名其妙的反感。

懿妃最近心情大好，对待载淳的态度比以前有了改善。载淳不知道为什么，那拉氏心里都清楚得很。咸丰七年十二月，她久盼的谕旨终于发下来了：“懿妃着晋封为贵妃，钦此。”这让她激动不已，虽然还是不抵皇后，但是与以前相比，已经是大大进步了。她的排位晋升到第二位，除了皇后之外，就是她了。

“多亏了这个孩子。”懿贵妃心里想。要不是载淳，凭她的出身和长相，是不会有这种待遇的。还有一点，她坚信，早晚有一天自己会超过皇后，因为这个大阿哥是她生的。

因而，懿贵妃渐渐改变了对载淳的态度，她不想因为自己的失误，而导致载淳见利忘义，忘了他是从哪里来的。于是，从生活上，从成长上，从那些细枝末节的琐事上，懿贵妃都给予了载淳无微不至的关怀。她认为，通过这样做，这个孩子会回到她的怀抱的。

可是，载淳对于贵妃母亲的异常表现，除了惊讶之外就是不理解。从孩子的内心来说，他是不接受那拉氏的。他不接受那拉氏的严厉的管束，包括她那种挑剔的言语、犀利的眼神，还有永远的批评。那拉氏也真是的，她竟然不知道“好孩子是夸出来的”道理。

有一天，贵妃母亲和皇后母亲之间发生了激烈的冲突。不为别的，就是因为祖制问题产生了分歧。载淳在诸多方面违背了祖制，引起了那拉氏的不满。

一段时间以来，载淳有汉化的倾向。他不知道从哪里弄来的服装，长长的水袖、宽宽的袍褂，穿在身上，就像一个汉族的少年一样。更有甚者，传出来载淳经常和小太监出宫去，在琉璃厂逛来逛去。那拉氏知道，琉璃厂什么都有，古玩字画、青楼酒肆，一条繁华的汉人买卖街。

那拉氏绝对不允许载淳汉化。她有顽固不化的满汉界限，坚持和固守着满汉不通婚的习俗。尤其是自己的儿子，可千万不要沾染上汉人的积习。于是，她把小太监叫来，一阵痛打，让他们招出是谁怂恿大阿哥的。小太监绝对不敢说，也不能说，因为是皇后允许的。皇后认为这没什么，不就是玩玩嘛，只要载淳开心就好。

懿妃
小载淳逐渐长大了，由于咸丰帝的安排，他是两头待，一头在皇后那里，一头在母亲那里。
皇后

李寅语录

载淳的出生使咸丰帝、皇后、懿妃转变了命运，他成为他们的『转运之珠』，于是，大家宠他、爱他，对他寄予厚望，这个『厚望』包含着太深的内容，甚至可以理解为整个民族或者是整个国家的希望。那么，小小的载淳能够扛起这份责任吗？

那拉氏找到皇后，跪在那里，请求严管载淳。她认为祖制不可废，家法必须严格。皇后请她起来，并询问什么是祖制呢？那拉氏说了五个字：“国语和骑射。”皇后听了这五个字，一下子绯红了脸，觉得自己的觉悟一下子低了很多。到底为什么呢？

“国语”，就是满语。这种语言是早年努尔哈赤起兵的时候命令创立的，它以蒙古语为基础，加上圈点之后，就变成了满语。

清朝建立后，太祖、太宗一直很严厉地教导他们的臣民，不管到什么时候都不要忘记三件事：

一是“国语”不能废。他们担心一旦入关，满洲人少，汉族人多，有被汉化的可能，那是很危险的。

二是骑射不能废。满洲是一个马背上的民族，大清的江山靠的就是一种骑射精神，没有清兵的铁骑入关，何来大清的江山呢？

三是满洲服饰不能废。满洲是什么服饰呢？是紧身箭袖。当年，皇太极崇德年间，朝臣向皇太极建议，要求满洲人仿照汉人的服饰，认为汉族服饰好看。皇太极严肃地教育了他们：“满洲服饰不能废弃，废弃就意味着国家即将灭亡。”皇太极还举了一个例子，说：“我们在这里开会，突然闯进来一群刺客，我等如果穿着汉人的宽衣大袖，能够抵御他们吗？”

皇后感到自己确实是放松了对大阿哥的管束，但是，她贵为皇后，是不能认错的。而且，皇后也有一分顾虑，毕竟大阿哥不是自己亲生的，说到底，她无法和懿贵妃相比，如果太过严厉，大阿哥会不会憎恨自己呢？

载淳还很懵懂，他不知道什么叫国语和骑射，也不知道满汉之间的界限，他只知道好玩，那些汉人的东西，包括衣服、面具、戏曲等，都很好玩。而满洲的骑射，很累，尤其是弯弓射箭，也不好玩。

懿贵妃把载淳叫进来，劈头盖脸地教训道：“这由不得你，你知道什么是家法吗？”那拉氏盛怒之下，还要说什么的时候，皇后赶忙制止她，道：

“贵妃休要教训大阿哥，都是奴才们的错。”于是，皇后传旨：“掌嘴相关太监，罚银30两。”懿贵妃心里明白，皇后这是不允许大庭广众之下教育尊贵的皇太子，因为他是将来的皇帝。

这件事之后，小载淳收敛了许多，但他的心情是压抑的，更加忌惮自己的亲生母亲，幼小的心灵里面，留下了一块阴影。皇后虽然依旧宠溺着载淳，可是，她却不敢再放载淳出去，不敢让他再去琉璃厂玩耍。究竟何时是个头呢？这个孩子的教育要谁来负责呢？

权力的致命诱惑

要说咸丰帝是真顾不上这个孩子了，当时内忧外患，战乱不断。他忧心忡忡，思绪万千。道光三十年他即位的时候，雄心勃勃，当时想为振兴大清而贡献力量。可是，随着事态的不断发展，内外形势都很不顺心。对内，太平天国起义，江南半壁江山在起义军的控制之下；对外，帝国主义各列强不断恫吓清廷，不断提出蚕食领土的要求。咸丰帝太累了，他的内心疲惫不堪，真想躺下来休息一下。

然而，各种奏报照样递进来，有军报、战报、外交事务、人事任命、宗室事务等，纷繁复杂。昨天的还没有看，今天的又递上来了。日积月累，案头已经是堆积如山了。他看都懒得看，心灰意懒得很。

这个时候，懿贵妃来了，她是为了大阿哥来的。近段时间的大阿哥是越来越不听话了，随着年龄的增长，添了很多坏毛病，贪玩、好动、撒谎……总之，是一个很顽劣的少年。懿贵妃很着急，她找过皇后钮祜禄氏，可是她认为根本不管用。皇后一味溺爱这个孩子，事事由着他，会把他害了的。所以，懿贵妃决定找皇帝谈谈。

咸丰帝正烦着呢，看见懿贵妃出现在办公场所，先是一惊。他觉得很奇怪，大清有家法，自从入关以来，后宫的女人就不允许出现在公共场所，尤其不能被外臣看见，所谓“本朝家法，后妃不得干政”，就是用来控制女人的。

我们看电视连续剧《甄嬛传》的时候，看到华妃跪在养心殿求雍正帝放过她的哥哥年羹尧，表现的就是典型的后妃干预朝政。雍正帝说，完全可以按照家法处死华妃，这是没错的。可是，懿贵妃是个机灵的聪明人，她会甘心为此而受到处罚吗？

懿贵妃跪在地上，头都不敢抬起来，在那里低声地哭泣。咸丰帝看着懿贵妃，本来要责怪一顿的，没想到她却哭了起来。他是最见不得女人哭泣的，于是，心疼地说：“这又何必，起来说话。”懿贵妃这一招儿果然奏效，女人的本领一用，立马变被动为主动了。

懿贵妃详述了最近大阿哥的种种情况，这是咸丰帝最关心的事情了。他也觉得应该好好教育一下这个孩子了。最近由于内忧外患，烦心事太多，也真是耽搁了。

本来，两个人谈论的是载淳的教育问题，可是，咸丰帝唉声叹气，说出了自己的苦衷。他从来没有对人说起过内心的烦恼，因为他是皇帝。对大臣、王公、太监，包括皇后，他都没有说起过内心的这些苦楚。可是，今天，他却对懿贵妃说了。

懿贵妃听明白了，咸丰帝不是不想管大阿哥，是没有精力，他被这些浩如烟海的奏折给绊住了，不能抽身。这个时候，懿贵妃展现了她的性格，她居然很大胆地说：“让我来帮助皇上，替您分担一下吧。”

资料记载，懿贵妃“年十六时，五经成诵，通满文，二十四史亦皆浏览”。说的是她从小受过严格的教育，知识丰富。对这一点咸丰帝早有耳闻。于是，他居然决定让懿贵妃试一试，帮他把文件分分类。

懿贵妃果然不辱使命，面对桌案上面的文件，一件件看，只看题目，就知道应该放到哪里，只一个时辰的工夫，就把纷乱无比的文件分出类来，井井有条地摆放在咸丰帝面前，这让咸丰帝非常吃惊。

对于这件事，史学界历来认为是懿贵妃干政的开始。但是，这个责任不是她一个人的，咸丰帝有不可推卸的责任。他的懒政怠政，给了懿贵妃机会。那么，懿贵妃自己怎么看待这件事呢?

光绪二十年十月二十八日，慈禧因事暴打光绪帝珍妃，说她敢于干预朝政，所以对她施予了廷杖之刑，把珍妃打得奄奄一息。慈禧虽然大权在握，但是，她仍然担心别人会对她当年的事说三道四，便进行了解释，说当年她只是站在咸丰帝的旁边，目不斜视，只是需要她的时候，便给文件分分类，仅此而已。这么轻巧地为自己当年干政的事进行辩解，谁会信呢?

但是，不管怎么样，懿贵妃本想前去商量大阿哥的成长问题，却被咸丰帝利用，涉足了清廷的最高机密，正大光明地干预了朝政，对于她本人来讲，至少有两大收获：一是与咸丰帝达成了默契，懿贵妃看大臣的奏折，这是典型的干预朝政，破坏了大清家法，是不允许的，可是，咸丰帝纵容了她，就使得两个人变成了利益共同体，也就达成了共识和默契；二是懿贵妃对政治产生了兴趣，初次接触这些机密文件，懿贵妃感到脸红心跳，可是却激发了她内心对权力的欲望，太诱人了，这就是政治的诱惑，也是懿贵妃此行的意外收获。

玩儿嗨了

皇后钮祜禄氏很纳闷儿，好久没见到懿贵妃来找麻烦了，她甚至在内心感谢这个女人，认为她很大度，之前三番五次来打搅大阿哥的情况改变了。大阿哥更是乐得其所，他本来就不喜欢亲生母亲，生怕哪天见到她，又是一顿没完没了的教育。

她到底在忙什么呢？皇后百思不得其解，却突然接到圣旨，是咸丰帝专门叫太监传达给皇后的："大阿哥近来玩心不已，正是关键时刻，祖制家法不可废。大阿哥即刻送往养心殿，朕亲自教导。钦此。"

皇后大吃一惊，刚才还庆幸懿贵妃没有捣乱，娘俩儿尽享天伦之乐，怎么突然就这样呢？听皇帝的圣旨，分明是在责怪自己教导无方。难道是懿贵妃挑唆皇帝的吗？皇后愤愤地想。

大阿哥是不愿意去的，这不用皇后挑唆。他一听是去见父皇，早就已经胆战心惊了。因为他见过父皇的威严，高高在上，王公大臣们跪在那里，简直就是受罪。但这事由不得他们母子，御前太监带走了大阿哥，皇后掉下了眼泪。

在父皇面前，大阿哥载淳感到很拘谨，话都不敢说，只是怯生生地看着他，好像陌生人一般。咸丰帝觉得自己不配做一个父亲，他内心一向软弱，心一酸，眼泪就掉下来了。他走下宝座，走近儿子，伸手来抱载淳，载淳后退了几步。

怎么办呢？咸丰帝觉得应该是和儿子交流的时候了。儿子已经长大了，没有交流是不行的。于是，他想起了一个好办法：去圆明园，那里好玩，小孩子都愿意去。

果然，载淳一听说要去圆明园玩，高兴得跳了起来，刚才的紧张一扫而光。于是，咸丰帝下旨：起驾，往圆明园。

对于大阿哥这种反常的兴奋，咸丰帝并不奇怪，大家谁都不愿意在紫禁城内居住，因为这里的规矩太多，主要是要频繁行礼，下跪。电视连续剧《还珠格格》里面的小燕子调皮地发明了"跪得容易"，就说明了这个问题。还有就是紫禁城非常严肃，在这里，除了御花园之外，偌大的城池，居然没有一点儿绿化，一点儿人情味都没有。而在圆明园就不这样，大家各自在自己的寝宫里，也可以到其他景点去欣赏风景，非常放松。所以，这里是后妃、皇子公主们的乐园。

当然，咸丰帝带着大阿哥去圆明园，不是真的带着他游玩，他有自己的事情要做。只见大阿哥和太监们一起活动，大家簇拥着他，一会儿是登山，一会儿下水，一会儿又打打闹闹，大阿哥是玩儿嗨了。

被美女吓坏了

大阿哥以为，玩了一天了，很快就会回去了，太监们给他做好了准备。可是，咸丰帝传下旨意："今晚住在圆明园"，而且，就住在"天地一家春"。

"天地一家春"是懿贵妃为兰贵人时居住的地方，明显带有纪念意义。咸丰帝故地重游，是怀念当年的感情，想在这里向他的旧情人叙旧的。懿贵妃当然清楚此行的目的所在。

大阿哥并不知道这一切，当年父皇和兰贵人的风流史早已被外人传开，他怎么会知道这些呢？不管怎么样，父皇传旨住在圆明园，不回那个严肃的紫禁城就好。

天色渐渐晚了，一抹余晖还挂在天际，咸丰帝终于出现了，跟着他的还有四个女人，载淳并不认识。咸丰帝说："这些都是你的母妃，你要有礼貌，见过她们。"大阿哥看着他们，一脸默然。

这四个女人是谁呢？就是电影《火烧圆明园》中的"圆明园四春"，俗称为"四春娘娘"。而历史上真的有四春娘娘吗？

王闿运的《圆明园词》中这样记录："文宗时有四人承宠者，分居牡丹春、海棠春、武陵春、杏花春亭馆，内府号曰'四春'。"

我们考证了历史档案，发现咸丰帝的圆明园四春果然名不虚传。但是，需要澄清的是，咸丰的四春并不是坊间传说的汉女，而是典型的满洲女子。值得注意的是，这些满洲女子并非贵族之家的千金。看来，她们极有可能是宫禁之中的宫女。

说到这里，我想起发生在咸丰年间的一件选秀女事件，本来没皇帝什么事，因为是给后妃选宫女，所以没有向咸丰帝报告，咸丰帝很生气，坚持要亲看这些秀女。后来才知道，好色的咸丰帝是别有用心，他想，如果有合适的女子，未尝不可纳入妃嫔的行列。

果然，他看中了一个姓察哈拉氏的宫女。察哈拉氏，内务府厨子常顺之女。这个女子长得十分漂亮，柳叶眉，杏核眼，樱桃小口一点点，走起路来婀娜多姿。咸丰帝一看大喜，指示给敬事房："察哈拉氏封为禧贵人，号海棠春。"

皇后钮祜禄氏大为惊讶，一是不同意咸丰帝从宫女中选择妃嫔，因为她的出身太为低下了，一个厨子的女儿，算什么呀。二是有伤君德，这件事传出去，会让人笑话的。可是，咸丰帝很坚决，当时就下了旨，敬事房马上就照办了，皇后显得很被动。

此外，还有三个宫女被咸丰帝看中，分别是：王氏，园户清远之女，园户就是打扫圆明园的清洁工，有时候也干些除草之类的活儿，他的女儿被封为"吉贵人"；张氏，身份不明，但是长相出众，被咸丰帝一眼看中，封为"庆贵人"；那拉氏，主事全如之女，被封为"璷贵人"。

咸丰帝太喜欢这四个宫女了，他与她们日夜为欢，还给她们起了非常浪漫的名号，这就是海棠春、牡丹春、武陵春、杏花春。

所以，载淳对四春知道一些，主要是母后她们议论过这些女子。他在心中还是比较排斥的，不仅没有行礼，还连连后退，引得咸丰帝哈哈大笑。咸丰帝一下子抱起了大阿哥载淳，亲着他说："别紧张，父皇带你去个好地方。"

羊车望幸

咸丰帝也真是乐昏了头，他居然不顾帝王至尊，也不顾大阿哥的成长，要知道，大阿哥毕竟还是未成年人，而且，还肩负着大清的历史责任呢。他是不管三七二十一，先痛快了再说。

载淳很好奇，父皇会带着自己去什么地儿呢？这就已经很开心了，到那么多地方玩，也没人管束，还有那么多漂亮的姐姐陪着，真好。他一下子对父皇产生了好感，觉得父皇不仅比贵妃母亲好，而且比皇后都要好。听说父皇还要带着他去更好的地方玩，载淳兴奋异常。

资料中这样记载了咸丰帝父子在圆明园玩乐的场景：

上在圆明园御舟徐行，则岸上宫人必曼声呼曰"安乐渡"，递相呼唤，其声悠扬不绝。

这种场面，载淳一定没见识过，昏暗的灯光，低沉的呼唤，悠扬的琴声，由远及近，让人浮想联翩。咸丰帝真是乐不思蜀了，他带着自己的儿子，不顾一切地享受，他哪里还会想到，就在这个时刻，太平天国的炮声隆隆，英法等帝国主义正虎视眈眈，大清王朝正摇摇欲坠。他全然不顾，这真的很像法国国王路易十五说过的一句话："我死后，哪怕洪水滔天！"反正不管怎么样，小载淳是长见识了，这对他以后的成长影响很大。

在圆明园，咸丰帝的荒唐远不止此。《清宫词》中，有一首诗这样写道：“羊车望断又黄昏，懒卸新妆掩苑门。风逗乐声歌燕喜，不知谁氏已承恩。”说的就是咸丰帝在圆明园中的荒唐生活。

在这里我解释一下“羊车望幸”，这是一个历史典故：晋代有个皇帝，叫司马炎，他的后宫宫女众多，有粉黛近万，每天晚上到底要临幸哪个妃子，就成为一个让他十分头疼的问题，于是，他想出一个办法，就是坐着羊车，让羊在宫苑里随意行走，羊车停在哪里他就宠幸哪里的妃嫔。有个宫人便把竹枝插在门上，把盐水洒在地上，因为羊喜欢盐水的味道，会停下吃食，这样一来，羊车就停在她的宫门口。这就是“羊车望幸”的来历。

咸丰帝虽然没有司马炎那么多女人，但也是宫人成群。就拿圆明园四春来讲，个个争奇斗艳，都拿出看家本领来吸引咸丰帝。所以，《清宫词》中说“不知谁氏已承恩”，到底皇帝最终落脚哪里，那就全凭本事和运气了。

大阿哥处境不妙

懿贵妃也搬到了圆明园，说实在的，她非常想来，因为这里是她发迹的地方。当年，在这里得到了帝宠，这是她终生难以忘怀的事情。所以，她最惦记的还是“天地一家春”，希望在圆明园还是住在那里。

懿贵妃听说大阿哥被接到了圆明园，不禁高兴起来。不仅可以和皇帝增进感情，还可以看到自己日思夜想的大阿哥，更重要的是，皇帝在那里办公的话，自己可以进一步接触到更多的奏章。自从懿贵妃帮助咸丰帝分类奏折之后，她就一直处在亢奋状态，希望有机会更加深入地了解这些内容。

咸丰帝就是这个意思，他怠于朝政，又怕朝臣上奏章谏讽自己。清朝的御史就是专门干这个的，他们被赋予了特殊的权力，可以风闻上奏，包括皇帝在内，都可以上奏弹劾。咸丰帝想到这里，能不害怕吗？最好的办法，就是内部消化，身边人如果能够帮助他，外人又不知道，那是再合适不过的了。懿贵妃正好出现了。

所以，懿贵妃提出要来圆明园侍奉皇帝的时候，咸丰帝当即批准："懿贵妃着即前来御园，钦此。"懿贵妃简单打点行装，高高兴兴前往圆明园。一路上，她盘算着，一定争取到再次看奏章的机会，这样可以历练自己，一定不要错过。可是，当她赶到圆明园驻地的时候，却发生了一个意外事件，这个事件使她意识到事态的严重性，她为大阿哥载淳的处境深深担忧了。到底什么事情呢？资料中这样记载：

丁文诚官翰林，一日召见于圆明园，公至时过早，内侍引至一小屋中，令其坐，俟叫起。文诚坐久，偶起立，忽见小几上有蒲桃一碟，计十余颗，紫翠如新摘。时方五月，不得有此，异之。戏取食其一，味亦绝鲜美，俄顷，觉腹热如火，下体忽暴长至尺许。时正着纱衣，挺然翘举，不复可掩。大惧欲死。急俯身以手按腹，倒地呼痛。内侍闻之，至询所苦，诡对以暴犯急痧，腹痛不可忍。内侍以痧药与之，须臾，痛益厉。内侍无如何，乃饬入从园旁小门扶之出，而以急病入奏。公出时犹不敢直立也。

丁文诚就是丁宝桢，他来圆明园等待咸丰帝接见，却遇到了这样的尴尬事，误食了咸丰帝的御用春药，导致阳具暴挺，不能直立。小太监把这件事传来传去，懿贵妃搞清楚了，她急切地赶过去调查此事。她有两个担忧。

一是大阿哥。这种事会不会被大阿哥遇见呢？一旦大阿哥误食，那可怎么办？下一代的成长可是谁都不敢忽略的。二是“圆明园四春”让她担忧，到这个时候，她才认识到四春的厉害。她们竟然敢于使用春药来勾引皇帝，太胆大妄为了。

关于咸丰帝使用春药的事，历史上有很多记载。咸丰帝身体不好，但是又很好色，于是便经常喝鹿血壮阳。为了保证他喝鹿血，内务府便命令马兰关总兵绵森进贡活鹿，每年要进贡 30 头小鹿。

这些消息传进懿贵妃的耳朵里，她很惶恐，想来想去，她急忙命人找到大阿哥，还好，大阿哥安然无恙。她做出一个决定，赶紧送大阿哥回宫，把他交给皇后，严加管束。于是，大阿哥悻悻地离开了。

谁把咸丰带坏了

懿贵妃既然感到了事态的严重，就必然会彻查此事。当时，她本想汇报给皇后，由她来出面，更加名正言顺。

《甄嬛传》中，华妃也会偶尔协助皇后处理后宫事务，包括一些类似于案件的事，也会帮助查办。其实，妃嫔根本无权查办什么案件，那些事情有皇后就行了，一个妃子无论如何也不可以乱加干预。

可是，懿贵妃不是普通的妃嫔，她是大阿哥载淳的生母，这件事涉及大阿哥的安全，她就可以借口查办。其实，她的目的是整治所谓的“四春”娘娘，这些胆大妄为的女子，竟然敢于争宠后宫，懿贵妃能坐视不管吗？

可是，当懿贵妃深入调查的时候，她发现并没有那么简单。咸丰帝的御前太监向她透露，咸丰帝早就开始服用壮阳药了。不仅圆明园有，紫禁城内也有，凡是咸丰帝活动的地方都会有。《十叶野闻》记载：“禁中蓄媚药数十种，以此为第一，即阉人服之，亦可骤生人道，与妇人交，药力弛则复其初。”懿贵妃算是明白了，也难怪丁宝桢误食了药。

不仅如此，咸丰帝还是一个瘾君子，他开始吸食大烟了。《清稗类钞》中记录下了咸丰帝吸食鸦片的情况。咸丰帝吸食的鸦片，称为“益寿如意膏”，又叫“紫霞膏”。听起来有点儿滑稽，要说“如意”没错，他吸完之后，大烟麻醉了他的神经，肯定会进入飘飘欲仙的状态，可是，要说“益寿”就不太准确了，无论如何，也不会有这个作用的。

懿贵妃很纳闷儿，谁这么大胆子，给皇帝准备这些东西呢？要知道，这些壮阳药都是虎狼之药，长期服用，对身体大有妨碍。她一再追问太监，到底是谁总在引导皇帝。可是，太监们欲言又止，谁也不肯说出来。

懿贵妃勃然大怒，她恫吓太监道：“你们不说，我也有办法，等回到大内之后，我和皇后共同治你们。”太监们惊慌失措，不知道是谁脱口说出了一个人的名字。懿贵妃没有听清楚，命再说一遍，她才听清楚，这个人是肃顺。

懿贵妃立刻陷入了沉思。她驱散太监，自己一个人在那里静静思考。对于肃顺她早有耳闻，听咸丰帝说起过这个人，是宗室，很有魄力，因而咸丰帝非常重用肃顺，让他担任御前大臣、总管内务府大臣、户部尚书等要职。

可是，懿贵妃不明白，既然皇帝这么器重肃顺，他又为何要这么害皇帝呢？难道他是另有目的吗？懿贵妃百思不得其解。

真相背后的阴谋

我判断，肃顺与咸丰帝的关系，绝对是从正能量开始的。

咸丰帝还是一个瘾君子，也开始吸食大烟了。咸丰帝吸食的鸦片，称为"益寿如意膏"，又叫"紫霞膏"。

李寅语录

咸丰帝真是乐不思蜀了，他带着自己的儿子，不顾一切地享受，他哪里还会想到，就在这个时刻，太平天国的炮声隆隆，英法等帝国主义正虎视眈眈，大清王朝正摇摇欲坠。

《清史稿》这样评论肃顺：

> 肃顺以宗潢疏属，特见倚用，治事严刻。其尤负谤者，杀耆英、柏葰及户部诸狱，以执法论，诸人罪固应得，第持之者不免有私嫌于其间耳。其赞画军事，所见实出在廷诸臣上，削平寇乱，于此肇基，功不可没也。

查阅史料，肃顺果然在咸丰朝立有大功，至少有两件事可圈可点。

一件事是“戊午科场案”。咸丰八年，顺天乡试由时任文渊阁大学士柏葰主持。这年十月初七，距离当年乡试揭榜尚不足一个月，御史孟传金上书，举报本次乡试存在严重舞弊问题，他指名道姓，揭露考生平龄有作弊嫌疑。平龄一无所长，居然高中第七名，事出蹊跷，奏请立案审查。咸丰帝命载垣、端华、肃顺等人会审此案。随着调查深入，办案人员发现本案确实存在严重舞弊行为，咸丰帝震怒，下旨将主考官柏葰诸人革职。据肃顺调查，此案涉及主事罗鸿绎、兵部侍郎李鹤龄、考官浦安、大学士柏葰，他们之间互通关节，收受银两，肃顺力主严办。咸丰帝开始很犹豫，但肃顺坚持原则，一定要严惩不贷，咸丰帝终于下了决心，将时任文渊阁大学士柏葰、兵部侍郎李鹤龄、主事罗鸿绎等人处斩，轰动一时。

第二件事就是极力推荐汉官，重用汉人。太平军兴，咸丰帝一筹莫展，那些养尊处优的八旗子弟已经非常腐化堕落，在前线丧师失地，总打败仗。这种情况下，肃顺摒弃民族偏见，提出应重用汉族官员，并向朝廷推荐曾国藩、左宗棠、胡林翼、郭嵩焘等汉族官员，为平定太平天国网罗了人才。特别是左宗棠，他出佐湘幕，初露峥嵘，不想却得罪了永州总兵樊燮和湖广总督官文，官文弹劾左宗棠为“劣幕”，咸丰皇帝令官文“一经查实，就地正法”。肃顺早听说左宗棠有大才，闻之此事，便联合曾国藩、胡林翼等官员上书，力保左宗棠，并邀请深受皇帝信任的吴地才子潘祖荫写下了“天下不可一日无湖南，湖南不可一日无左宗棠”之语，左宗棠的性命保住了。此后，肃顺又在咸丰帝面前力荐左宗棠，给予重用。

所以，咸丰帝对肃顺是非常倚重的，他相信肃顺，已经到离不开的程度了。两个人经常在一起商量大事，有时会窃窃私语，表现出亲密无间的样子。这也难怪懿贵妃询问太监的时候，他们很忌惮，不敢说出来。他们是怕肃顺。

要说人得宠，往往会得意忘形。肃顺也不例外，他借着咸丰帝的宠幸，居然想入非非，妄想着做顺治朝的多尔衮、康熙朝的鳌拜。《庸庵笔记》这样记载道:“益得出入自便，导上娱情声色。”意思很明显，肃顺为了弄权，竟然引导咸丰帝出入娱乐场所，嫖妓玩娼。所谓的“四春”娘娘都是肃顺的杰作，包括那些无所不在的春药、壮阳药，也都是肃顺一手张罗的。当然，为了掩人耳目，肃顺都是秘密进行的，一般人是无从知道的。

有一句话叫“要想人不知，除非己莫为”。肃顺为虎作伥，助纣为虐，早就为人们所不齿。何况懿贵妃是何等的精明呢？她既已了解事件的真相，对肃顺恨得咬牙切齿，两个人的战争就此拉开了序幕。

一双权欲熏心的眼睛

肃顺得到咸丰帝的信任和重用，君臣二人形影不离。咸丰帝与肃顺达到无话不说的程度，这样，他的心病也就解决了。咸丰帝的心病就是繁忙的公务，他不喜欢看大量的奏折，正好，肃顺愿意。

可是，之前咸丰帝是让懿贵妃看奏折，帮忙处理政务的。这回都委托给肃顺了，懿贵妃并不知情。她只是感觉不对劲儿，近来咸丰帝很少召见她，召见的时候，也不见了堆积如山的章奏，怎么回事儿呢？

她把心腹太监安德海找来，细问缘由。懿贵妃位号晋升之后，便和内务府大臣提出来，要更换总管太监，她认为韩来玉很木讷，做事不圆滑。内务府经过仔细物色，发现一个叫安德海的太监符合懿贵妃的要求。安德海不仅长相英俊，而且聪明伶俐，善于奉承，很快被送到储秀宫，懿贵妃果然很喜欢。

安德海还不等主子问话，就趋近道："主子，是不是最近很心烦啊？"懿贵妃唉声叹气，不知道说些什么。安德海道："主子，所有这一切都是那个肃顺造成的。"懿贵妃眼睛一下子亮了起来，果然是他！安德海于是细数了肃顺与咸丰帝形影不离的那些事儿，并挑唆说肃顺已经包揽了大清朝的所有事务，简直就是一个"二皇帝"。

懿贵妃听了心里极不舒服，"二皇帝"的说法她是知道的，乾隆朝的和珅完全控制了朝廷的大权，被称为"二皇帝"。难道肃顺真的已经到这个程度了吗？真是这样的话，到时候，大阿哥即位，那天下岂不是肃顺的了吗？懿贵妃不寒而栗。怎么办呢？懿贵妃看着安德海，安德海心领神会道："主子何不想个万全之策，不然到时候可就晚了。"

懿贵妃点了点头。她太明白先下手为强这个道理了，不能等到那一天。她让安德海密切监视肃顺的动向，一有消息马上报告。

人最怕得意忘形，人也最容易得意忘形。肃顺就犯了这样的错误，他仰仗咸丰帝的宠幸、信任，便为所欲为。关键是在那个年代，君臣界限分明，如果臣子敢于越线违制，即使皇帝不追究，一旦被别人发现，那也是很危险的事情。肃顺就做了很多非常危险的事情。

按理说，关于肃顺的事情外人不会知道，但有一种人会知道，那就是太监，他们侍奉在皇帝身边，对肃顺的所作所为是看在眼里的。太监们聚在一起的时候，难免会议论纷纷，就这样，肃顺的违制做法终于传到了安德海的耳朵里。

安德海赶忙跑到懿贵妃那里，说肃顺早晚会被杀头的。懿贵妃让安德海说具体的关键事情。

安德海思考了一下，把传闻捋了捋，讲了两件事情。一件事是肃顺擅坐宝座；一件事是肃顺擅自使用御用杯具。懿贵妃紧追不舍，询问细节，安德海说不出来了。但是，安德海说："奴才听说，肃顺在坐宝座的时候，还问太监他像不像皇帝。还有就是，肃顺说他的头上有龙云缠绕，是大富大贵之相。"

"够了！"懿贵妃打断安德海，心想，就这两条，就可以判他谋逆之罪，完全可以重治肃顺。

这个时候，肃顺还在咸丰帝那里，君臣之间正在为了剿灭太平军的事情交换意见，正在为英吉利和法兰西之间的外交事务定基调。肃顺夸夸其谈，声调抑扬顿挫。咸丰帝不住地点头，表明自己的态度。殊不知，早有一双犀利的眼睛在死死盯着肃顺，这是权欲熏心的懿贵妃的眼睛，她一步步逼近肃顺，两个人的战争一触即发。

"狗的骨头"

懿贵妃在寻找机会。可是，这种机会并不多，她不敢贸然行动，而且，懿贵妃有一个担心，一旦说出来，万一皇帝翻脸，自己失宠事小，万一波及大阿哥，可就麻烦了。

懿贵妃想到这里，她赶忙跑到皇后宫里，看到皇后正在和载淳玩耍。载淳看到母亲到来，停下了手脚，显得很拘束。皇后笑了："看你紧张的，那是你额娘。"载淳这才走过去，给贵妃请安。

懿贵妃看了一眼儿子，心里真是像倒了五味瓶一样，不是滋味。她顾不得孩子，转身对皇后道："皇后，我有要事和你商量。"载淳被安德海领了出去，屋里就剩下皇后和懿贵妃。

懿贵妃给皇后跪了下来，皇后马上走过来，道："什么事情，你若想带走大阿哥几天，何须施此大礼。"

懿贵妃道："你误会了，有要事相禀。"懿贵妃这才站起来，一五一十地报告肃顺控制咸丰帝，给咸丰帝准备大量性药，用不三不四的女人勾引皇帝，大乱朝纲的种种劣迹。

皇后也听到了一些传闻，比如，咸丰帝喜欢一个寡妇。这个寡妇是山西人，长相漂亮，一双三寸金莲，婀娜多姿。咸丰帝居然把她带到宫里面，还给她订做了一双"珠玉鞋"，这双鞋以菜玉做底，檀香末做垫，鞋帮上缀满了珍贵的东珠。咸丰帝与之日夜为欢，甚是宠爱。

再比如，咸丰帝居然喜欢一个妓女，资料中这样记载：

时有雏伶朱莲芬者，貌为诸伶冠，善昆曲，歌喉娇脆无比，且能作小诗，工楷法。文宗嬖之，不时传召。有陆御史者（相传即常熟陆懋宗，不知是否），亦狎之，因不得常见，遂直言极谏，引经据典，洋洋数千言，文宗阅之，大笑曰："陆都老爷醋矣。"即手批其奏云："如狗啃骨，被人夺去，岂不恨哉？"钦此。

这段记载已经描写得非常形象了。咸丰帝居然和一个御史争抢妓女，而且还做了一个滑稽的比喻，就像狗啃骨头，被人夺了去。这哪里还像是一个皇帝的作为，简直就是一个荒诞无稽的小丑。

皇后钮祜禄氏到这个时候是该出手了，她应该履行一个宫中女主的职责，向咸丰帝进言相劝。可是，皇后天性软弱，最主要的是她不知道怎么说合适。

机缘凑巧，有一天，皇后带着大阿哥载淳去看望咸丰帝，刚到宫门口，太监和宫女们在那里窃窃私语，神色都不对。皇后很生气，就要下旨申斥他们。不想一个太监道："皇后、大阿哥，主子在上，奴才们不敢隐瞒。"说着，这个太监朝上面指了指，大家看到了一块长方匾额。

皇后很纳闷儿，细细看上面的文字和书法，才看出居然是这样的四个大字："且乐道人。"大阿哥看着，便走过来，拽住皇后的衣襟问道："皇额娘，怎么念啊？"皇后这次是真的发火了，她大声地对太监们说："赶紧给我摘下来，快摘下来！"大阿哥不明白皇额娘为什么发火，又为什么让摘下来。一个小太监低声道："大阿哥，就是出家很快乐的意思。"皇后也没有更正他，气呼呼地走进咸丰帝寝宫，结果，她闻到了一股奇怪的味道。

总算达成默契

"这是什么味儿啊？"皇后蹙着眉头，感觉这味道前所未有。这时，一个御前太监走过来，道："皇后娘娘，皇上有旨：'正在休息，一概不见。'请您返驾吧。"说着，做出了一个请"出"的手势，这是她没有想到的事情。

载淳不管这一套，就要进去见父皇。皇后一把拽住他，娘俩儿转身到了外面。皇后叫过来一个小太监，询问里面的情况。这个太监惊慌失措，似乎很害怕，又不敢说的样子。皇后心软，没有逼他，带着载淳径直来到懿贵妃的住处。

皇后进来后，也没有理懿贵妃，只身坐在花梨木坐床上，一言不发。

懿贵妃看得出来，一定是发生了什么大事，不然，皇后怎么会有如此表情呢？于是，她让安德海带着大阿哥出去了，屋里只剩下她们两个人。这个时候，皇后竟猛然间抱住懿贵妃，动情地抽泣起来。懿贵妃也不问她发生了什么，只等皇后自己开口。

皇后道："之前都是听说，这次我是亲眼目睹。皇上居然真的抽上了，大清这不要完了吗？"皇后判断，咸丰帝是抽上了大烟。

皇后判断得没错，咸丰帝这个时候已经沾染上了三大恶习：一是女人，风流成性，日夜为欢；二是壮阳药，包括鹿血在内，五花八门，什么都吃；三是抽大烟，白天也不上朝，躲在寝宫里面，抽两口。这样下去，咸丰帝的身体还好得了吗？

实际上，咸丰帝的身体本来就不好。他身材瘦弱，当年随道光帝到南苑打猎的时候，别的皇子都是收获满满，只有他一无所获。道光帝问他的时候，他还振振有词："正在春天，万物复苏，动物可能都怀孕了，我不忍心杀死它们。"道光帝很感动，认为他有仁慈之心，按照《大学》的要求，咸丰是做皇帝的料儿，因为《大学》中有"为人君，止于仁"的名句。这其实是咸丰帝老师杜授田给他出的主意，老师知道他身体不如人，于是出此下策，迷惑了道光帝。

有资料说咸丰帝"体多疾，面带黄"，就是说他面黄肌瘦。但是，即使他身体瘦弱，如果注意保养，以皇家的条件，也是完全可以康复起来的。可是，咸丰帝恰恰相反，他居然不顾自己的龙体，也不顾帝王至尊，干起了这些下三滥的勾当，对此，皇后钮祜禄氏大感意外。

怎么办呢？皇后一筹莫展。古人讲"刑不上大夫"，何况是堂堂皇帝呢？不管皇帝做什么，都不可能治皇帝的罪。但是，又不能任由其发展，因为这些东西会要了皇帝的命，皇后只知道这些。

懿贵妃这个时候非常冷静，她没有哭泣，也没有动情，而是定了定精神，冷静地说："必须重治肃顺。"对呀，皇后一听，觉得这才是问题的关键，这一切都是肃顺造成的。

但是，怎么才能治罪肃顺呢？要知道，咸丰帝现在对他非常信任，什么都听他的。而且，肃顺还有一群追随者，包括怡亲王载垣、郑亲王端华等。朝政在他们的控制之下，包括六部、宗室等，无不在肃顺及其党羽的控制之下，要想拿下他，谈何容易！

懿贵妃却有自己的看法，她认为从两方面下手，即可达到擒拿肃顺的目的。

一是大清家法。所谓"大清家法"，就是皇室内部的家法。肃顺是宗室，同样是爱新觉罗的子孙，就适用于"大清家法"。家法中明确规定，对那些不忠不孝、不仁不义的子孙，要动用家法除掉。肃顺怂恿、引导皇帝走上了这条道路，可视为不忠不孝、不仁不义之举，完全可以用家法除掉他。

二是"清君侧"。这是历史的做法，历史上曾发生过很多清君侧的事件。

历史上第一次"清君侧"事件发生在西汉。公元前 154 年，汉景帝年间，御史大夫晁错向皇帝上疏，建议削藩，为汉景帝所采纳。而当时的各藩国中，以吴、楚的实力最强。吴王刘濞为了保住自己的实力，纠集了包括楚国在内的七个藩国，以"诛晁错，清君侧"为名，发动叛乱，史称"七国之乱"。汉景帝为了平息叛乱，只好将晁错杀掉。

历史上最著名的"清君侧"事件是"安史之乱"。唐玄宗时期，朝政腐败，奸相李林甫把持朝政达 19 年之久。他在职期间排斥异己，培植党羽；继他上台的杨贵妃之兄杨国忠，公行贿赂，妒贤忌能，骄横跋扈，不可一世。天宝十四年（755 年），唐朝将领安禄山与史思明以"清君侧"为由发动叛乱，史称"安史之乱"。这个事件成为唐朝由盛而衰的转折点。

历史上最近的“清君侧”事件是“靖难之役”。明太祖朱元璋死后，他的孙子朱允炆即位，史称建文帝。建文帝接受了大臣齐泰、黄子澄等的削藩建议，着手进行削藩。而盘踞在北平的燕王朱棣对此极为不满，他打着“诛齐黄，清君侧”的旗号攻入南京，建文帝失踪，朱棣自立为帝，年号“永乐”，史称“靖难之役”。

这些“清君侧”事件都很有名，皇后是知道的。但是，这些事件听起来就很吓人，弄不好要发生大动乱，会死很多人的，岂可轻易发动呢？她没有这个魄力，也不敢这么做。

但是，对惩治奸臣肃顺，拯救咸丰帝于水火之中的建议，她是完全赞同的。两个人在此总算达成了默契。可究竟要怎么做呢？皇后一头雾水。

让人意想不到的安排

农历十一月中旬，冬至快到了，宫里宫外都在忙忙碌碌，大家都知道，按照惯例，皇帝要到天坛祭天。这一天，文武百官、王公大臣都要齐集天坛，那场面极为宏大。

大阿哥载淳不知道祭天的重要性，他惦记着一件事，那就是这一天特自由，没人管他。还有一件事，侍奉他的姥姥说这一天是吃饺子的日子。大阿哥喜欢吃饺子，当姥姥说起饺子的时候，大阿哥不由自主地咽下唾液。

皇后也在准备着，她琢磨着一件事，那就是咸丰帝今年能不能参加祭天大典。她为什么这么想呢？这种活动必须由皇帝亲自参加，别人无法代替。其实，皇后何尝不知，但是最近皇帝的身体欠佳，面黄肌瘦，走路都费劲。尤其是自从他抽上大烟之后，更是弱不禁风，怎么行礼呀？大阿哥看着皇后唉声叹气，忽闪着大眼睛，不知道发生了什么事情。

皇后还有一层担忧，她发现皇帝的腿病又犯了，走路不稳，一瘸一拐，可怎么办啊？她想起咸丰帝的腿就心酸。

实际上，咸丰的右腿曾经两次被摔断。第一次是他还是皇子的时候，跟随父皇道光帝去南苑行猎，正当他骑马追逐野兽的时候，不小心从马上摔下来，将右腿摔伤，经正骨医生的全力救治，很快恢复了。可是，后来又发生了一次事件，使他的右腿落下了终生残疾。

咸丰二年，咸丰帝率领文武百官去西陵祭父，拜谒慕陵，本来一切顺利，可是，没想到在回銮的路上出事了，他再一次从马上跌落下来。这次他摔得不轻，他的右腿再一次骨折。为此，随驾前往的正红旗汉军副都统托云保，还因护驾不利而遭到惩罚。

皇后的担心果然应验了。宫中传出话来，皇帝不参加祭天大典。这个消息很震动，大家议论纷纷。因为按照常理，这种活动必须是皇帝参加，否则，人们会猜测，是不是皇帝出事了。因为那个时候信息闭塞，要是现在好了，皇帝在电视里面露露面，谣言不攻自破。

更有让人感到不安的消息传出来，皇帝准备让肃顺代替他到天坛行礼。这还了得吗？懿贵妃大发雷霆："这个奸佞之人，简直是在觊觎神器！"懿贵妃说得没错，肃顺如果真的敢于代表皇帝祭天，那就说明他真的有篡逆之心，后果可想而知。

懿贵妃提出，必须采取果断措施，擒拿肃顺。皇后不同意，她认为这不过是传闻而已，并没得到证实，岂可擅自行动。懿贵妃再提建议，马上带着大阿哥面见皇帝，如果皇帝不能参加祭天大典，可提议由大阿哥代行。

大阿哥吓坏了，他不敢去，也不想去。皇后心软了，她也不同意大阿哥参与这么重大的事件。

正当大家慌乱之际，一直在侦查消息的安德海回来报告：“皇后主子、贵妃主子，皇上有旨：‘冬至日祭天大典甚为重要，朕近来行动不便，着恭亲王奕䜣恭代行礼，钦此。’”大家一听，舒了口气。懿贵妃扶着皇后坐下，安德海侍奉懿贵妃落座，大阿哥则一溜烟儿跑了。

心生一计

懿贵妃和肃顺之间的矛盾日渐加深，这种事传得可快了，所谓“好事不出门，恶事传千里”。宫里宫外很快都知道懿贵妃与肃顺之间有着很深的矛盾，当事人肃顺当然更清楚，这个厉害的懿贵妃在算计自己，可要小心了。

关于懿贵妃与肃顺之间矛盾的起因，历史记载并不多，但是，如果我们稍加分析史料就会明白，他们之间的矛盾双方各有责任。

从肃顺的角度分析，主要是他一不小心犯了宫中大忌，不自觉地参与了宫斗。他“导上娱情声色”，引导咸丰帝纵情声色，如四春娘娘、山西曹寡妇、名妓朱连芬等。为了提高咸丰帝的性能力，他居然给咸丰帝准备了很多壮阳药。肃顺所有这一切的做法，都触犯了大清家法。

肃顺的目的很明确，就是要通过“帮助”咸丰帝做这些事，来达到个人揽权的目标。咸丰帝与肃顺，两个人各得其所，都没有意见。

可是，这却触犯了懿贵妃的利益。大致在两方面使得懿贵妃非常不安：一是咸丰帝移情别恋。有了这么多女子，咸丰帝自然冷落了懿贵妃，他再也记不起那个温柔的懿贵妃了。二是咸丰帝再也不需要懿贵妃“帮助”他处理政务了，虽然仅仅是给他的文件分类而已。

肃顺和懿贵妃之间的矛盾升级了，不管从哪个方面讲，两个人都势不两立了。那么，这两个人究竟鹿死谁手，就看谁的本领大了。

按说懿贵妃应该比肃顺占优势，女人的本领那还用说吗？枕边风一吹，是很管用的。可是，恰恰相反，这个时候的懿贵妃根本没有机会给咸丰帝侍寝了，咸丰帝身边的女人多着呢。看来，肃顺是如鱼得水。

可是，他不要太得意，懿贵妃手中有一张王牌，那就是大阿哥载淳，这是咸丰帝唯一成活的皇子，将来是要接班当皇帝的。这让肃顺极为不安。怎么办呢？肃顺陷入了沉思。

只有一个办法，那就是取而代之。取而代之的唯一办法就是让咸丰帝再生一个皇子。可是，咸丰帝的身体状况一天不如一天，能不能生出来还是个问题。还有一个问题，那就是由谁来生，这个人可要找好了，至少要听从自己的指挥和安排。

肃顺把目标锁定在了一个年轻女子的身上，这个女子就是徐佳氏。

徐佳氏出身卑微，她的父亲是内务府一个低级的小官，名字叫诚意。他在内务府每天跑跑腿，干点儿杂活儿。徐佳氏是宫女出身，咸丰初年就进宫了，她长相漂亮，能说会道，非常有人缘。所以，被好色的咸丰帝相中，咸丰帝很受用，咸丰四年被封为玫贵人。眼看着就要有很好的前程，可谁知道这个玫贵人犯了两个大错。

一是她使用“一丈红”，杖打宫女。我们看《甄嬛传》中，华妃用一丈红把夏冬青打成残疾，这是绝对不允许的事情。

二是她态度轻浮，竟然违制与太监调笑。《钦定宫中则例》中记录了这个事件：

伊与太监孙来福任意谈笑，已将伊之位分褫革，从重惩处，降为宫女子，并将孙来福重责发遣矣。六宫规矩理宜严肃，嗣后若再有任性凌虐使女，与太监诙谐无所不至者，朕必照此办理。若太监再有似此无规矩者，朕岂能尚如此轻办，必即将太监正法。

玫贵人被处理了，一下子降为宫女，一夜又回到解放前。现在肃顺终于找到了她，眼前的徐佳氏让他惊呆了，她不仅没有受到影响，而且出落得比之前更加漂亮迷人了。肃顺这下放心了。

枯树居然开花

咸丰帝虽然阅人无数，但对于徐佳氏还是有印象的，因为他专门处理过她，并命人将事件的处理结果载入《钦定宫中则例》。所以，看到徐佳氏进宫侍候，便有几分不悦。

徐佳氏早有思想准备，有了这个机会，岂能放过？她使尽了女人的看家本领，努力讨好咸丰帝。咸丰帝哪有什么原则呀，这个时候的他不过是一个好色之徒，看中徐佳氏的姿色而已。很快，徐佳氏便得到帝宠，这次她吸取了以前的教训，小心翼翼，再不敢有丝毫的造次之举。咸丰帝满意了，高兴了。

结果令人大感意外，徐佳氏居然枯树开花，怀孕了。这让咸丰帝大感意外，皇后、懿贵妃、肃顺等人都不敢相信，因为有好多年了，没有哪个女子能够怀孕，所以，载淳才一枝独秀，懿贵妃才为所欲为。

懿贵妃简直不敢相信，徐佳氏怎么能怀上呢？而且，这个徐佳氏一向风流成性，还因此遭到处分。她不相信，关键是她不愿意相信，这要是今天，懿贵妃必定要给徐佳氏的孩子做DNA鉴定。懿贵妃害怕了，大阿哥和自己的命运即将面临挑战。

这个时候，肃顺是最高兴的，他简直就是得意忘形，终于有机会制伏这个跋扈的懿贵妃了，他渴望徐佳氏怀上的是一个皇子。

咸丰八年二月初四，深夜，徐佳氏经历了人生中最严厉的考验，她阵阵作痛。御医、接生婆、姥姥、宫女、太监们一夜未睡，都在这里侍候着，与她一起度过了一个不眠之夜，就连咸丰帝都在那里焦急地等消息。

徐佳氏生了，令人非常兴奋，产婆传出消息，是个阿哥，大家一阵欢腾。可是，接下来又让人大感惋惜，徐佳氏生下来的是一个死胎。这让大家感觉简直就像坐过山车一样，大起大落。

咸丰帝是最难受的，今天看，他一生中生育过三个子女，按照时间顺序，丽妃生育了一个公主，懿贵妃生育了大阿哥，这个徐佳氏是第三次生育了，后来称为二阿哥。咸丰帝没有想到二阿哥是个死胎，这怨不得徐佳氏，咸丰帝自己应该明白，纵欲过度，一定影响了生育质量，是造成这个孩子死亡的原因。

但是，徐佳氏的名号还是要晋封的，当年丽贵人生育了一个公主，还晋封为丽嫔呢。于是，敬事房拟定了皇帝的旨意，传达给徐佳氏："玫贵人晋封为玫嫔。"玫嫔死了孩子，虽然满心不悦，但也得到了晋封的机会，要知道封为玫嫔就是一个真正的"小主儿"了，总算熬出来了。

懿贵妃得知徐佳氏生下一个死胎之后，心情大好，终于舒了一口气。自从这个女人怀孕之后，她茶饭不思，心情抑郁，都没有心思与肃顺争斗了。直到此时，懿贵妃才恢复了精神，她赶紧前往皇后寝宫，看看大阿哥近来怎么样了，她心里清楚，早晚有一天，还要指望这个孩子。

肃顺难受的感觉不亚于徐佳氏，他非常失望，没想到居然是这样一个结果。现在看来，接班人还是那个可恶的懿贵妃的大阿哥载淳，关键是自己的努力都白费了。要怎么制伏骄横的懿贵妃呢？肃顺陷入了沉思。

咸丰帝哪有什么原则呀，这个时候的他不过是一个好色之徒。看中徐佳氏的姿色而已。很快，徐佳氏便得到帝宠。

李寅语录

人最怕得意忘形，人也最容易得意忘形。肃顺就犯了这样的错误，他仰仗咸丰帝的宠幸、信任，便为所欲为。关键是在那个年代，君臣界限分明，如果臣子敢于越线违制，即使皇帝不追究，一旦被别人发现，那也是很危险的事情。

此桂祥非彼桂祥

二阿哥事件之后，宫里面平静了许多，平日里歌舞升平的景象不见了。大家心里明白，咸丰帝心里烦乱，可一定要小心了。就连肃顺也是小心翼翼，不敢造次。懿贵妃虽然心里高兴，但那也只能是“窃喜”，不敢表现出来，她还特地派安德海前往玫嫔处，送去慰问的礼品。看来，一切又都归于平静了。

可是，我们知道，宫里面的平静向来蕴含着危机。这个时候的宫里，肃顺、懿贵妃之间的矛盾没有得到根本解决，潜伏的危机正在暗流涌动，不定什么时间就会火山爆发。

转眼到春天了，大阿哥的生日快到了。皇后、懿贵妃禀过咸丰帝，咸丰帝下旨，叫内务府好好预备，他还指望着这个孩子呢。

本来挺好的一件事，给大阿哥过生日，宫里宫外一片喜庆的气氛，可是，突然之间，却引起了一场轩然大波。咸丰帝突然下达了一道谕旨，给大家兜头泼了一盆冷水。

怎么回事儿呢？大阿哥生日的前一天，懿贵妃正在指挥着下人打扫卫生，摆放家具，为明天载淳的生日做准备。突然，咸丰帝的御前太监前来传旨。当初，她还以为是一道赏赐的恩旨呢，结果却让她大惊失色：

闻有贵人之母呈进之物。伊是何人？擅自呈进，甚属可恶，所进之物着掷还。嗣后妃嫔、贵人、常在家属，不准与各宫互相往来，亦不准差人往别人家去。如有别家太监擅去者，着本家即行送交提督衙门治罪。徇隐者一并治罪，此旨着续入《现行则例》。

懿贵妃听完之后，大为疑惑，质问御前太监：“皇上这是什么意思，这和我有关系吗？”

安德海接过谕旨，交给懿贵妃看。懿贵妃细细分析，中心内容就是有个贵人的母亲给大阿哥送了礼物，是什么她也没看。可是，这怎么会引起皇帝的注意呢？

本来，乾隆年间就有规定，绝对不允许妃嫔把宫里的东西运到母家去，比如皇帝赏给的宝物，那只有妃嫔自己享用，绝对不能给别人；乾隆还规定，绝对不允许妃嫔娘家人向宫里面送礼品。因为宫里什么也不缺，不需要外面乱七八糟的礼品进来。

懿贵妃命安德海查查这个送礼的贵人是谁。结果很快出来了，是一个姓那拉氏的女子，满洲正白旗人，她的父亲是员外郎桂祥。

懿贵妃一听，马上就明白了，肯定是一场误会，皇帝误会了。咸丰帝以为这个贵人与懿贵妃有关系，同一个姓氏，都是那拉氏；还有就是贵人的父亲叫桂祥，而懿贵妃有个弟弟，也叫桂祥。咸丰帝一定以为是懿贵妃的母家给大阿哥送了礼品，所以下旨申斥。当然，那个贵人也一定接到了这样申斥的谕旨。

懿贵妃坐不住了，这是她没想到的事。她先去皇后那里进行了解释。皇后劝慰她道：“这个不要紧，命内务府结合宗人府详细查查，就真相大白了。”结果很快出来了，懿贵妃果然被误会了，此桂祥非彼桂祥，重名重姓，纯属巧合。

于是，皇后带着大阿哥和懿贵妃前往咸丰帝那里，必须予以澄清。咸丰帝正在和肃顺商量事情，听了皇后的陈述，也感到委屈了懿贵妃，便下了一道温谕，谕令赏赐懿贵妃。

懿贵妃谢过咸丰帝，站起来，一眼看见宝座旁边的肃顺。这个时候，她明白了一切，一定是这个家伙捣的鬼，故意陷害她。她怒火中烧，但是，她很快就平复了。“君子报仇，十年不晚。”她恨恨地想。

第二章 黑云压城

一般来讲，台风的中心是稳定的。可这个时候清王朝的政治中心却面临着一股龙卷风，似乎要卷走这里的一切。不是东风压倒西风，就是西风压倒东风，对立的双方剑拔弩张，谁将是最终的胜利者呢？

无知的载淳一概不知，任凭台风袭来，“我自岿然不动”。所谓“无知者无惧”吧，他真是太幸福了。

只有哭的份儿了

咸丰十年，对于咸丰帝来讲是灰色的记忆。英法联军破天津，攻北京，他最依赖的、信任的蒙古勇士僧格林沁节节败退，保卫京师的防线全线崩溃了。当时，咸丰帝住在圆明园，连同他的后妃，宠臣肃顺，大阿哥，都在圆明园围绕着他，等待着前方的战报。

八月初四，前方传来不好的消息，谈判失败了，联军即将向北京进发，威胁京师和皇帝的安全。怎么办？咸丰帝这个时候再也顾不上那些闲情逸致了，他就像热锅上的蚂蚁，踱来踱去，没有一点儿办法。

也有资料说，这个时候的咸丰帝竟然号啕大哭。皇帝哭了，后妃们怎么办？也只有大声哭泣的份了，不然还能怎么样。大阿哥并不明白发生了什么，他看着众人都在哭，心想，好好的，为什么要哭呢？

有一个人却是一个例外，她没有哭，这个人就是懿贵妃。懿贵妃站起来，厉声道："事危急，环泣何益？恭亲王素明决，乞上召筹应付。"懿贵妃说得什么意思呢？她告诉咸丰帝，赶紧召奕䜣进宫商量大事，他能够帮助渡过难关。懿贵妃在这个时候的这个建议，有一定意义：

第一，表明懿贵妃具有临危不乱的胆识。这个时候，乱成一片，连皇帝都在哭，懿贵妃却能够镇静自若，可见不同凡响。

第二，彰显了奕䜣的才略。由于奕䜣曾经和咸丰竞争过皇储，哥俩儿向来不合。咸丰帝即位后，很快就将奕䜣排挤出了权力核心。这个时候，懿贵妃提出由奕䜣来拯救危局，既胆大，又冒险；却也向人们表明，奕䜣是不同寻常的。

第三，打击了肃顺。肃顺一直以来控制了咸丰帝，咸丰帝对他言听计从。可是，在国家面临巨大威胁的时候，肃顺却是一筹莫展，使得咸丰帝不得不听从懿贵妃的建议，与奕䜣商量对策。

奕䜣进宫了，面对咸丰帝，他历陈自己的主张：皇帝留守京师，与洋人一决胜负，与北京共存亡。

肃顺反对，主张：避开洋人的风头，"留得青山在，不愁没柴烧"；否则，后果不堪设想。

懿贵妃再也听不下去了。她挺身而出道："我同意恭亲王的意见，皇上万万不可避往承德。应该留守京师，保卫京师！"说完，她狠狠地看了一眼肃顺，表明自己的立场和态度。这已经是懿贵妃第二次阻止咸丰帝逃跑了。早在七月初，传闻英法联军要打进京师的时候，僧格林沁就曾经建议咸丰帝避往热河，也是懿贵妃极力阻止，才没有逃跑。

肃顺并不傻，他明白，这个时候如果硬来，大家就会攻击他，骂他是懦夫误国，那罪过可就大了，不如以退为进。于是，他表示也支持咸丰帝坚守北京。可是，当懿贵妃等人退出去，屋里只剩下咸丰帝他们两个人的时候，谁都没想到肃顺开始了他最狠辣的计划。

肃顺向咸丰帝分析了战争的形势：必败无疑。他滔滔不绝地分析了英法的军事实力，大清是不行了，一旦攻入京师，当年的“靖康之耻”就会重演。

“靖康之耻”发生在北宋靖康二年，金军南下侵宋，俘虏了宋徽宗和宋钦宗，将二人和后妃、皇子、宗室、贵戚等三千多人掳走，并将宋朝皇室的宝玺、舆服、法物、礼器、浑天仪等一并掳走，北宋灭亡。

咸丰帝一听又吓得大哭，毫无章法。肃顺极力规劝咸丰帝，并说：“本来，只要皇上北狩承德，就可以避免这种命运的发生。”对呀，咸丰帝恨恨地说：“都是那个恭亲王，为什么非要我留在这里等死呢？”

肃顺见状，这是一个绝好的机会。于是，他凑近咸丰帝道：“皇上，其实还有一个人不得不警惕。”咸丰帝问是谁，肃顺吞吞吐吐，半天才说出了“懿贵妃”三个字。

咸丰帝闻言一惊，他不明白，这个懿贵妃怎么了，难道她也要害他吗？

第二个“钩弋夫人”

肃顺对咸丰帝道：“皇上还记得叶赫部首领布扬古临死前说过的一句话吗？”咸丰帝怎么会不记得呢？布扬古临死前说过一句非常恶毒的咒语：“我叶赫那拉就算只剩一个女人，也要灭掉建州女真！”这是叶赫部战败之后，他们的首领说的一句最无奈，也是最恶毒的诅咒。

咸丰帝不寒而栗，他何尝不知道，懿贵妃就是叶赫那拉氏，难道她就是那个布扬古所说的女人吗？

肃顺点了点头：“是的，这个女人就是布扬古留下来实现他当年的咒语的，皇上要痛下决断。”肃顺要咸丰帝下什么决断呢？要他除掉懿贵妃吗？

是的，肃顺提到了大阿哥，他是咸丰帝的唯一合法的接班人。肃顺接着提醒咸丰帝：“您想想，当年汉武大帝为什么要处死‘钩弋夫人’呢？”

钩弋夫人，咸丰帝当然更加清楚，汉武帝时期，他立年幼的刘弗陵为太子，准备将来把皇位传给他；可是，他却命人处死了刘弗陵的母亲钩弋夫人。后来，他问起身边人对这件事的反应，大家疑惑不解，汉武帝说出了心里话：“往古国家，所以乱也，由主少而母壮也”意思是，刘弗陵年纪小，一旦继承皇位，他的母亲就会为乱天下的。

懿贵妃和载淳，确实像当年的钩弋夫人和刘弗陵，咸丰帝应该像汉武帝那样，毅然处死野心勃勃的懿贵妃，以除后患。可惜，咸丰帝不是汉武帝，他没有那样的魄力。他是一个懦弱的人，对于这一点，当年的道光帝早就发现了。不过，当时咸丰帝的表现，被道光帝误解为善良了，他也因此而夺得了帝位。

不管怎么样，咸丰帝虽然没有像汉武帝那样，对懿贵妃行“钩弋故事”，但是他对懿贵妃不信任了，对懿贵妃产生了戒心。

于是，咸丰帝当即决定，采纳肃顺的建议，于八月八日，巡幸木兰，实际上就是逃跑。

咸丰十年八月初八日，咸丰帝带着他的大阿哥载淳、皇后钮祜禄氏、懿贵妃那拉氏，以及肃顺等人，狼狈不堪地从圆明园出发，逃往了承德避暑山庄。不过，名字起得很好听，叫“木兰秋狝”。

肃顺胜利了。圆明园陷入一片混乱，大家慌乱地准备着逃跑的东西，不知道还能不能再回来。所以，每个人的内心都是一片凄凉。只有肃顺，他的脸上露出了会心的微笑。

别人觉察不到，不过，懿贵妃留意着呢。她在慌乱中没有忘记两件事。一件是紧紧抓住大阿哥，千万不要让他出现任何意外。这就是懿贵妃的精明之处，因为她清醒地认识到，不管时局如何动荡，甚至是咸丰帝出现不测，只要大阿哥在，大清就不会灭亡；只要大阿哥在，她就有机会，什么机会呢？听说过“挟天子以令诸侯”的故事吗？这就是机会，这就是懿贵妃与众不同的野心。另一件事，就是紧紧盯住肃顺。这个权臣、奸臣，极有可能做出大逆不道的事情来。越是这个时候，越要注意奸佞之人。

所以，包括咸丰帝在内，所有的人都很慌乱，只有一个人非常冷静，那就是懿贵妃。

这个时候，大阿哥找他的父皇咸丰帝，远远地看见他被肃顺等人簇拥着，上了一辆骡车，那是跟不上他了；大阿哥又要找他的皇额娘，看见她被宫女们扶持着，也上了一辆骡车，帘子落下来，看不见了。他一回头，还是他的亲额娘在等着他，于是毫无选择地被贵妃母亲抱起来，坐上了一辆破旧的车子。这是要干什么呢？究竟要到哪里去呢？大阿哥一脸的迷惘。

三次凌辱

咸丰帝和肃顺商量好了，驾幸热河。其实就是逃跑了，到承德去避难，这是典型的“逃跑主义”，是大清开国以来第一次逃跑。

其实，清朝皇帝到承德去，是常有的事，因为那是他们的“陪都”，也叫“夏都”。承德地处边塞，夏季气候凉爽。康熙执政期间，于康熙四十二年（1703 年）在这里营建了避暑山庄。大家可能感到奇怪了，康熙帝那么节俭，为什么干这种事呢？其实，避暑山庄的营建，对于大清来讲，绝非仅仅是避暑那么简单，更为重要的意义在于政治防卫。这里与蒙古近在咫尺，康熙曾经三次亲征噶尔丹叛乱，最终消灭了叛乱势力。所以，在这里营建一个政治基地，皇帝经常亲临这里，对于巩固北部边防有重要作用。康乾时期，皇帝几乎每年都要来到这里“木兰秋狝”，就是打猎，实际上就是彰显他们骑马射箭的硬功夫。

可是，咸丰帝此行，可不是为了彰显什么硬功夫，也不是来这里避暑了，而是逃命来了。

既是逃命，就不能再像“出巡”那么摆谱。如果像以往的皇帝出巡，那还了得吗？浩浩荡荡，侍卫、王公大臣前呼后拥。车马是最高级的，用度是最奢靡的。国家几乎所有的部门都要积极配合，积极表现，侍奉着皇帝出巡到避暑山庄。

可是，这次不同以往。咸丰帝是仓皇逃窜，偷偷跑的，没有哪个部门给他做准备，他哪敢说呀？皇帝跑了，这种事说出来不好听。

跑，说起来容易，可这里有一个大难题，就是怎么跑，承德到北京 230 公里，不像今天，上高速，油门一踩，一个点儿到了。那个时代不行，皇帝到承德一般要走 8 ~ 10 天呢。这需要有交通工具呀，去哪儿找呢？资料中记载：

上仓皇出狩，得宫中一车以行。后妃嫔御，悉雇市上车相从，车既敝旧，骡尤羸瘠，且急驱兼程，乘者不胜其苦。

这段资料把当时咸丰帝逃跑的情形描述得淋漓尽致。他倒是找到了一辆宫中的骡车，估计也就是平时运水的车吧。其他妃嫔就只好从市上雇车了，那还能讲究吗？在平时，民间的车辆，他们看都不会看一眼。

别人不说，单说懿贵妃和大阿哥，这个时候乘坐同一辆车，可谓风雨同舟了。可是，懿贵妃万万没有想到，在这次出逃途中，她屡次遭到肃顺的欺辱。这里我解释一下，由于咸丰帝非常信任肃顺，宫中所有的一切开销，出行配置，包括警卫力量的布置等，都由肃顺全权指挥。这下，懿贵妃倒霉了。她遭到了不公正的待遇，居然因为车子的问题，遭到肃顺三次凌辱。

第一次是刚进入山道，盘旋向上，懿贵妃母子在车中就晕了。太颠簸了，估计破车的减震什么也不好。懿贵妃的骨架都颠散了，疼痛难忍。这个时候，她只有哭的份儿了，大阿哥也哭，母子相拥而泣。突然，她看见肃顺的车子飞驰而过，便大声喊道："六爷，我的车子太破了，给我换辆好的吧。"

这个时候的肃顺趾高气扬，他本来就是故意从懿贵妃车子旁边经过的。他能管这事吗？肃顺傲慢地回头道："这半道上哪有车呀，到前站再说！"说着飞驰而去了。

第二次是休息途中，懿贵妃赶忙派安德海前去，与肃顺商量换车的事。当时，肃顺正在咸丰帝那里说事儿呢。等了半天，好不容易出来了，肃顺一看是安德海，气就不打一处来，劈头盖脸地说道："告诉你家主子，这是什么时候，还有工夫给你们换车子？笑话。"安德海回来便添油加醋地禀报给懿贵妃。懿贵妃气得脸都绿了。

第三次又是中途与肃顺相见，懿贵妃再次喊住肃顺，请他给换车子。懿贵妃也真是，就凭你和她的关系，有车他也不给你啊。这个时候，她就是看不透。果然，肃顺讽刺她说："这是危难时刻，你有这辆旧车就不错了，你没看其他人连旧车还没有吗？你再看看皇后的车，比你的车好吗？再说了，你怎么能和皇后相比呢！"肃顺这么答复懿贵妃，是她没有预料到的。

懿贵妃这个时候还真的看了看皇后的车子，比她的车子要好很多倍，车好马壮，坐起来一定舒服。懿贵妃不再哭泣了，她擦干了眼泪，咬紧牙关，紧紧攥住大阿哥稚嫩的小手，恨恨地想：“等着吧，早晚有一天，我们兵戎相见。”

就这样，一粒仇恨的种子在懿贵妃心中种下了，她和肃顺之间，将会发生怎样的战争呢？

三次挑唆

懿贵妃没有想到，自己在逃亡途中如此受气。这个肃顺太胆大了，不仅欺凌她，就连大阿哥他都不放在眼里。

懿贵妃更没有想到，肃顺会通过车子的事情，给她一个下马威。这件事太刺激她了，丢了面子不说，还离间了她和皇后之间的关系。肃顺有意给皇后安排好车，给贵妃和大阿哥破车，这是肃顺的离间术。

但是，懿贵妃心术极深，她对皇后只有短暂的怨恨，便决定要尽弃前嫌。她警告自己，千万不要因小失大，要团结皇后，对付肃顺。

懿贵妃是个非常机灵的人，她足智多谋，最善于抓住一切机会。有关史料中，细数了懿贵妃利用细微小事把肃顺和皇后钮祜禄氏之间建立的联盟迅速瓦解了。

懿贵妃利用吃饭这件小事，对皇后进行了三次挑唆。

第一次，在途中。途中的伙食肯定不好，不用说是逃亡途中，就是平时皇帝出巡，也无法与宫中的御膳房伙食相比。

前文说过，宫中的伙食由肃顺管理。肃顺这个人不拘小节，他没想那么多，只知道给咸丰帝供应得不错，鸡鸭鱼肉，应有尽有，其他人他忽略了，包括后妃，就连皇后的伙食都是豆腐之类的百姓食品。此时，细心的懿贵妃让安德海监视肃顺。安德海发现，肃顺伙食不错，不仅有大鱼大肉，还有酒喝。他报告给了懿贵妃。

起初皇后也没说什么，感觉在流亡途中可不就是这样吗？可是，当懿贵妃跑来说出真相之后，皇后钮祜禄氏开始厌恶肃顺，觉得他不应该这么对待自己。他们之间的同盟很快就被打破了。

第二次，刚到热河。咸丰帝开始摆谱了，传膳的时候，像从前一样，摆两桌同样的酒席，一桌自己吃，一桌看样儿，只摆着，不吃。有时候大阿哥淘气，会跑上去，吃两口，仅此而已。

皇后是个节俭的宫中女主，还在紫禁城的时候，就以节俭著称，以身作则，并经常告诫妃嫔要知道“稼穑之艰难”。可是，对于这种规矩，皇后还是没有意见的，至少她没有这种意识。懿贵妃想趁此挑唆，便对皇后说：“现在国难当头，肃顺还给皇上摆谱，不让天下人笑话吗？”皇后一听觉得也是，便向咸丰帝进言道：“流离羁旅，何用看席，请蠲之。”

可是，这是一个圈套，是懿贵妃策划的圈套，咸丰帝不会自己下指示，这事儿归肃顺管，会告之肃顺，由他执行，而肃顺那么跋扈，不会照办的。果然，肃顺反驳道：“这能用几个钱儿，如果突然就撤了看桌，还会引起外界猜疑。”咸丰帝听从了肃顺的建议。懿贵妃趁机挑唆皇后，皇后也认为肃顺太不把皇帝当回事儿，反感又加深一层。

第三次，是抑制后宫。这是咸丰帝等到达承德之后，为了节省宫中开销，制定的一项政策，由于咸丰帝完全被肃顺控制，这个制度明显是肃顺制定的，并且由他来执行。

过去，皇后的供应那还了得吗？宫中规定，皇后每天供应这些东西：每日用猪肉盘肉十六斤，羊肉一盘，小牲口两只，新粳米一升八合，黄老懿贵妃没有想到，自己在逃亡途中如此受气。这个肃顺太胆大了，不仅欺凌她，就连大阿哥他都不放在眼里。

李寅语录

一般来讲，台风的中心是稳定的。可这个时候清王朝的政治中心却面临着一股龙卷风，似乎要卷走这里的一切。不是东风压倒西风，就是西风压倒东风，对立的双方剑拔弩张，谁将是最终的胜利者呢？

米一升三合五勺，高丽江米一升五合，粳米面一斤八两，白面七斤八两，麦子粉八两，豌豆三合，白糖一斤，盆糖四两，蜂蜜四两，核桃仁二两，松仁一钱，枸杞二两，干枣五两，猪肉九斤，猪油一斤，香油一斤六两，鸡蛋十个，面筋十二两，豆腐一斤八两，粉渣一斤，甜酱一斤六两五钱，清酱一两，醋二两五钱，鲜菜十五斤，茄子二十个，王瓜二十条等，还不包括时鲜的瓜菜。

所以更多时候，皇后把大阿哥留在自己身边，大阿哥也愿意，皇后那里富有啊，一天就供应这么多好吃的，大阿哥乐得其所。

但是，到承德之后，这一切都裁掉了。皇后不习惯，而这个时候，有三个人的待遇却很高，他们是怡亲王载垣、郑亲王端华和肃顺，他们不仅可以自由出入宫禁，还可以和皇帝一起享用大餐。

懿贵妃紧紧抓住这个机会，挑拨肃顺和皇后之间的关系。钮祜禄氏这次是真的恨上了肃顺，觉得他是有意和自己过不去。

懿贵妃的三次挑唆果然奏效，皇后、大阿哥、懿贵妃再次联手，成为命运共同体。

好日子快到头了

自从咸丰十年八月，大阿哥载淳抵达承德避暑山庄以后，他的感觉和母亲懿贵妃的感觉恰恰相反，他非常开心。在宫里，有很多约束，皇后不让他随便乱跑，尤其是亲生母亲，更是百般约束他。在山庄就不一样了，什么都是新鲜的，有山有水，湖光山色，非常好玩。

父皇惯着他。咸丰帝感觉到，自己的身体每况愈下，尤其是逃到承德以后，肺痨的毛病加重了，感觉是不可能再生出孩子来了。载淳就是他唯一的接班人了，所以，对他很溺爱，事事依着他，不加管束。尤其是咸丰帝看戏的时候，也会带着载淳一起看。

要说普通戏也没什么，可是咸丰帝居然带着他看一部思春戏，这就成问题了。这究竟是一部什么样的戏呢？

这部戏的名字叫《小妹子》。咸丰是个戏痴，由于他平素好色，喜欢的喜剧也有很多荒唐的曲目，这在他所点的戏目上颇有反映。档案上记载着咸丰帝与升平署太监的一段对白。

问：有会唱《小妹子》的吗？

答：没有。

问：原先谁唱过？

答：吉祥、李福唱过，已故了。

……

咸丰帝非常失望，他多么希望马上看到这出戏。随即，他给升平署下旨："迅速学出《小妹子》来，钦此。"这出戏是什么内容，对咸丰帝有这么大的吸引力，竟达到着魔的程度？

《小妹子》又名《思春》，原为昆腔戏，曾被收入清刻印的剧本《缀白裘》里。它是一部典型的思春戏，其中心情节是，被情夫抛弃的妇人哀怜地发出对负心郎的怨恨。部分唱词是：

当初呀，我和你未曾得手的时节，恁说道如渴思浆，如热思凉，如寒思衣，如饥思食。你便在我的跟前，说姐姐又长，姐姐又短，又把那甜言蜜语来哄我。到如今，才知道你得手的时节，便远走高飞……负心的贼！可记得，我和你在月下星前烧肉香疤的时节？我问你那冤家呀，改肠时也不改肠？听信你，说永不改肠，才和你把那香疤来烧。谁想你忘恩薄幸，亏心短命的冤家！

这段唱词，咸丰帝都能背下来，台上演员稍有差错，他都能给指出来。为了迎合咸丰帝，升平署特地请来师傅，并招选貌美如玉的姑娘，学演《小妹子》。经过20多天的赶排，于三月十五日在同乐园演出。女演员骚首弄姿，颇得帝宠。咸丰帝看得非常认真，他边看，边唱，边指点，最后，他竟上台与演员对白。以后，这出戏多次在宫中上演。他逃到承德以后，又在那里上演。

这件事发生后，皇后不满意了。她先找到懿贵妃，两个人商量，必须和皇帝谈谈了。这样毫无原则地娇惯孩子，对他的成长很不利，很容易学坏了。

咸丰帝听了她们的谏言，觉得自己对孩子实在是太不负责任了。他竟然满脸愧色，希望她们两个能够原谅他。皇后马上表示，自己也忽略了对大阿哥的教育，也有责任，还希望皇帝别怪罪。只有懿贵妃没有表态，她上前一步，跪在咸丰帝面前。

咸丰帝不知道她要做什么，让她平身说话。但是，懿贵妃没有起来。她说："皇上，按照我朝家法，大阿哥该上学了。"懿贵妃的一句话，提醒了在场的所有人。

三月份马上就到了，二十三日就是大阿哥的生日。他的生日一过，就是6岁了。6岁的皇子是一定要入学读书的，到时候，会有满师傅教授满文，汉师傅教授汉学经典，还有骑马射箭的师傅，教他骑射功夫。根据资料记载，清朝的皇子们很辛苦，一年放不了几天假，只有几天法定假，其余时间天天上课读书，辛苦得很。所以，就连当时上朝的大臣都感到皇子们的不易。

大阿哥的好日子快到头了，懿贵妃提醒了咸丰帝，6岁的时候就要给他找老师了。于是，咸丰帝让大家推荐，看看谁最合适。

他命大学士、上书房总师傅彭蕴章火速来避暑山庄。咸丰帝这一点儿还是清楚的，他没有和肃顺商量，而是和彭蕴章商量，这让皇后、懿贵妃舒了口气。

彭蕴章会推荐谁做载淳的老师呢？这个饱学之士思考了一阵，推荐了一个人，这人就是李鸿藻。

皇后和懿贵妃对这个人并不熟悉，请彭蕴章说明理由。彭蕴章说明了三点理由：

第一，出身名宦世家。李鸿藻的先祖李国普，在明朝的后期就是大学士，当朝宰相；祖上李蔚是康熙朝大学士，当朝宰相；爷爷李殿图官至闽浙总督；生父李澈虽然仅为知县，但是正途出身。

第二，李鸿藻是进士出身，咸丰二年进士，授编修，现在是河南学政，干的都是文化类的工作。

第三，最关键的，李鸿藻这个人有正能量，敢于直言，不畏权势。

听了这些解释，懿贵妃首先表示可以，皇后说这事就依她。就这样，大阿哥的自由生活结束了，李鸿藻星夜兼程，从河南赶往承德，千里迢迢来会见他的学生大阿哥。

接班人首次亮相

咸丰帝跑到承德，北京由谁来主持政局呢？恭亲王奕䜣。恭亲王在北京费尽了周折，好不容易才与英法签订了《北京条约》，奕䜣为此受尽了委屈，却并没有得到咸丰帝的认可。

但是，奕䜣并没有气馁，这个时候，他头脑清醒着呢。他密切注视着承德的动向，一有动静，便马上有所反应。

咸丰十一年三月二十三日，是大阿哥载淳生日，奕䜣记着呢。他先向咸丰帝问候，接着向皇后、懿贵妃问候，表达他的政治热情。

咸丰十一年六月初九日，咸丰帝生日，宫里面称之为“万寿节”，恭亲王记着呢。他上奏表示问候，可是，回应是冷淡的。因为咸丰帝已经无心隆重地过万寿节了。尽管如此，这次万寿节咸丰帝做了一件与以往不同的事情，而且是经过深思熟虑的，很认真地做了这件事情。究竟什么事情呢？

咸丰帝在万寿节这一天，召集了王公大臣、文武百官，向他们展示了自己的杰出作品——大阿哥载淳。《清穆宗实录》记载了这个事件。

当时的小载淳已经6岁了，咸丰帝还没有在公开场合介绍过他。按理说，也没有介绍的必要。但是，现在与以往不同，必须要公开介绍他了。为什么呢？

一是咸丰帝不行了。咸丰帝身体每况愈下，资料中说他已经血痰屡见，总吐痰，对于一个肺痨病人来讲，意味着命不久矣了。他的接班人是谁？他必须表态了。

二是外国侵略者虎视中国。英法联军火烧圆明园，咸丰帝狼狈逃出京师，西方列强虎视眈眈。一旦咸丰帝遭遇不测，没有人接班，就会天下大乱，所以更加有必要让大阿哥公开亮相了。

三是国内局势动荡不安。太平天国、捻军起义方兴未艾，正在威胁着大清的安全。国内各种政治势力暗流涌动，朝廷必须表明立场，必须指明咸丰帝之后的接班人是大阿哥，而不是其他人。

所以，在这种情况下，咸丰帝安排了一次特别见面会。大家纷纷向他祝寿的时候，载淳粉墨登场。只见他风度翩翩地走来，“仪度倍娴”，大家

纷纷夸赞，说大清后继有人。载淳也不含糊，越夸越起劲，走起了正步，一板一眼，让大家钦羡不已。

可是，载淳首次亮相，他的亲叔叔恭亲王不在场，恭亲王都记不起这个孩子长得什么样了，他很关心，极想赶往承德。不过，奕䜣有一层顾虑，他必须说是看望皇兄咸丰帝，免得他多疑。因为咸丰帝最怕的就是他去世之后，载淳即位，奕䜣弄权，成为第二个多尔衮，那样的话，皇权可就旁落了。

咸丰帝惧怕奕䜣前来承德，在看了奕䜣的奏折之后，听说他要来承德看望，便极力阻止。咸丰帝不想见到他，即位前的种种印象，尤其是奕䜣与他争夺储位的情景历历在目。于是，咸丰帝朱批道："相见徒增伤感，不必来觐。"

不过，奕䜣是个永不言败的人。他认为还有一个机会与咸丰帝相见，那就是七月初九，是奕䜣生母孝静皇后的五周年祭日。孝静皇后对咸丰帝有抚育之恩，十年的养育之恩，如今五周年了，咸丰帝不应该与奕䜣相聚一下，共同缅怀先人吗？

让奕䜣失望了，他还是不许奕䜣赴承德相见。这一切表明，咸丰帝在酝酿一个大事件，这个事件他要独自完成，不允许别人来打搅。

大清王朝的四颗心

进入七月，咸丰帝咳嗽得更厉害了，每次咳嗽，都会有血痰出现，这是危险的信号。对他的这种状况，两个人最清楚，一个是懿贵妃，一个是肃顺。这两个人最着急，因为他们两个人心中都有要做的大事。什么事呢？

先说肃顺。他要办的大事是要咸丰帝行“钩弋故事”，杀了懿贵妃，以绝后患。肃顺为了加大力度，屡次催逼。他在自己频频出手的同时，还加上了载垣和端华。三个人都在咸丰帝面前极力怂恿，要求咸丰帝尽快决断。

肃顺甚至向咸丰帝提出了具体办法，可以先不杀她，但要留下遗诏，一旦皇帝“大行”，懿贵妃必须殉葬。当年努尔哈赤病逝，皇太极等人就是通过这种办法，逼死了多尔衮的生母大妃阿巴亥。

而懿贵妃呢，她有两件大事要做。第一件事是儿子一旦即位，由谁来辅政。目前看来，不会是恭亲王，皇帝连见他一眼的心都没有，那就一定是肃顺了，那样的话，皇权一定旁落，必须想个万全之策；第二件事是自己的命运，早听闻皇帝对自己不放心，是不是要杀掉自己还不敢肯定，但是种种迹象表明，她的处境已经很危险了，必须未雨绸缪。

肃顺和懿贵妃的心，其实想的都是一个问题，那就是大阿哥即位，由谁来辅政，要不要杀掉彼此，除掉后患。

那么，咸丰帝究竟怎么想的呢？

他思绪万千。

他想到了懿贵妃。先想到的就是她的温柔，不管自己多么心绪烦乱，只要在懿贵妃那里，就会得到解脱，很有幸福、温暖的感觉。最让咸丰帝感激的，当然是懿贵妃生育了大阿哥载淳，要是没有这个孩子，大清皇室的直系烟火就断了，自己岂不成了一个罪人，一个笑话，一个让所有人议论的话柄？所以，咸丰帝的结论是感谢这个女人。

但是，他又想到了隐患。隐患是巨大的，从之前的情况来看，懿贵妃对政治极感兴趣，极有可能出现女人弄权的局面。历史上著名的人物，吕后、武则天都是教训。一旦出现这种局面，当年叶赫首领布扬古临终的咒语“叶赫那拉就算只剩一个女人，也要灭建州女真”，岂不要成为现实？

是杀，还是留？两种意念在咸丰帝的脑海里交叉出现，不过这个时候，他的信念中，杀掉懿贵妃，以绝后患的念头占据了上风。

可是，当载淳出现的时候，他这颗残忍之心立刻就崩溃了。载淳才6岁，太稚嫩了，咸丰帝俯下身子，抱住这个孩子，问道："告诉皇阿玛，你在想什么呢？"载淳脱口而出："我什么也没想。"是啊，他才6岁，难道要让他成为孤儿吗？他这么天真，一旦母亲殉死，大权岂不落入肃顺之手？

咸丰帝大摇其头，他不想这么做。

肃顺能善罢甘休吗？生死关头，必须决断；当断不断，必留后患。他裹挟着载垣、端华，一起向咸丰帝进言。但是，咸丰帝的头脑之中，总是呈现出这样的画面：年幼的大阿哥，青年守寡的女人，飞扬跋扈的权臣，挥之不去。这幅画面对肃顺极为不利，而对于懿贵妃来讲，则是转危为安了。

所以，关键时刻，大清王朝有四颗心在急速跳动着，咸丰帝的心、懿贵妃的心、肃顺的心、大阿哥的心，他们各怀心事。其中，三颗心是烦乱的，只有一颗心是纯洁而干净的，这就是大阿哥的心。

精心布局

咸丰皇帝的身体终于被御医下结论了：早做准备吧，不会超过七月。其实，他得这个肺痨病已经好长时间了。这个病现在不算什么，抗生素完全可以治愈。不过在那个时候就不行了。

皇后、懿贵妃、肃顺等重臣，都得到了这个消息。包括大阿哥，虽然他不懂得什么大道理，但是，因为他的角色重要，不日即将粉墨登场，被通知不许再随意跑动了，他只有两个地方可以去，一个是皇后额娘那里，一个是贵妃额娘那里，不过，这两个地方他都不喜欢。

懿贵妃死死地看住了大阿哥，她的内心非常紧张，不知道即将发生什么事情。她甚至要做最坏的打算，如果皇帝或肃顺要她去死，她将采取怎样的措施呢？难道真的像大妃阿巴亥那样，坐以待毙吗？

她坚信这个时候，只有一个人能够救她，这人就是大阿哥，对，就是这个孩子。她禁锢了大阿哥，哪儿都不要去。懿贵妃认为，他一走，自己就不安全了。咸丰帝究竟会是什么态度呢？懿贵妃焦急地等待着。

终于等到咸丰帝接见她了。不过，不只是她，还有皇后和大阿哥。

咸丰帝已经骨瘦如柴了，咳嗽不止。不过，这个时候，人们不再关心他的身体，而关心的是他要说什么。

现在已经无从考证这个时候的咸丰帝究竟说了什么。但是，历史证明，他做了一件非常大的事情，他布了一个天大的局。怎么做的呢？

咸丰帝拿出了两枚闲章，一个是“御赏”，一个是“同道堂”。这要在平时，不会有人关注这两样东西，因为两个闲章，无论从质地，还是从内容上，都太过普通。他要干什么呢？

咸丰帝把“御赏”章给了皇后钮祜禄氏，把“同道堂”章给了大阿哥。什么也没给懿贵妃，懿贵妃心里“咯噔”一下，感到了前所未有的紧张。

这个时候，大阿哥接过“同道堂”章，不知道如何是好，便转身交给了贵妃母亲。咸丰帝马上说话了：“对的，你把它交给你的母亲，替你保管。”接着，咸丰帝向他的两个女人做了最后的交代，内容就是大阿哥即位后，要她们两个利用这两枚闲章，控制辅政大臣的权力，好好辅佐载淳，防止皇权旁落。

懿贵妃这才一块石头落地了，她坚信，自己安全了，咸丰帝不会杀她，而是要她肩负起辅佐幼帝的使命。

事态明确了，咸丰帝的这次召见，释放了一个重要的信号，他的两个女人即将参与政事。

做完这件事，咸丰帝舒了一口气，他认为已经高枕无忧了。一旦发生大事，大阿哥随时可以即位，由他的两个母亲辅佐。

可是，并没有这么简单，咸丰帝认识到，至少有两股政治势力还在威胁着皇权。一股是恭亲王奕䜣，一股是肃顺集团。随着局势的发展，这两股势力都已经很强大了。该如何处置他们呢？咸丰帝陷入了沉思，他将作出怎样的决定呢？

咸丰帝对利弊进行了权衡。奕䜣和肃顺，究竟用谁？用奕䜣最安全，他是载淳的近支叔王，有利于皇权的集中。但是，也最危险，奕䜣曾经与咸丰帝争夺帝位，前车之鉴犹在耳；况且，英法进京以来，对恭亲王很是认可，由他来辅政，闹不好会是第二个多尔衮，小皇帝和他的两个母亲怎么斗得过他呢？

利用肃顺，也有问题，他太跋扈。尤其是最近以来，他和懿贵妃之间势同水火，很难和衷共济。闹不好，会发生不测事件的。

太伤脑筋了，咸丰帝思虑再三，决定舍弃恭亲王，利用肃顺。但是，辅政大臣不只肃顺一个人，要多人辅政，决策才会更加合理。想到这里，咸丰帝累出了一身虚汗。不管怎么样，终于有了结果，咸丰帝认为自己很聪明，这种布局很合理。

咸丰十一年七月十六日，咸丰帝的大限到了，他感到了天国的召唤。这天，他晕厥过去了，当他再次醒来的时候，看到的是他的后妃、大阿哥、王公大臣，大家都盯着他的嘴，听他在最后的时刻怎么安排。

咸丰帝终于开口了，在他生命的最后时刻，留下了这么两道谕旨：

第一道：皇长子御名（载淳），着立为皇太子。特谕。

第二道：皇长子御名（载淳）现立为皇太子，着派载垣、端华、景寿、肃顺、穆荫、匡源、杜翰、焦佑瀛尽心辅弼，赞襄一切政务。特谕。

大家这个时候，才豁然开朗。这就是咸丰帝的精心布局：大阿哥即位，由八大臣辅佐，两宫太后牵制，最终形成三权分立的格局。

咸丰帝的这个布局能够确立实施吗？大家拭目以待。

皇阿玛再见

咸丰十一年七月十六日深夜，大阿哥被众人围在避暑山庄烟波致爽殿西暖阁的中央，气氛肃穆。咸丰帝书写的“戒急用忍”匾额就悬挂在上面，皇后、懿贵妃、大阿哥、肃顺等八大臣都在这里。

大阿哥太困了，他依偎在皇后额娘的怀里，在等待这一刻的到来。已经是深夜了，殿内外灯火通明，几乎所有的人都屏住了呼吸，空气在这一刻凝固了。

“醒了，醒了。”不知谁在说，咸丰帝昏厥了大半天，终于醒过来了。他睁大了双眼，在找什么，嘴唇蠕动着，皇后赶忙贴过身子，听见他说的是“大阿哥”。

载淳已经迷迷糊糊睡着了，他被推醒，一只小手早被塞到了父皇的手中。咸丰帝想抓住他，但是，载淳撤出了手腕，再想抓住他的时候，已经很难了。

皇后拉住载淳，娘儿俩俯身在咸丰帝的身边，听他在说什么。载淳看见，父皇的眼睛用力睁着，嘴唇一上一下开合，是在说话，可是，听不懂是什么。母后在不停地点头，她真的听懂了吗？

载淳的手还是被塞进了咸丰帝的手中，这次，他没有想挣脱。可是，

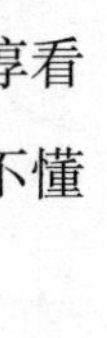

载淳发现，父皇已经闭住了嘴，他的眼睛也已经闭上了。难道是困了吗？

这时，皇后用力把载淳的手抽出来，只听有人在喊："皇上宾天了！"载淳与众人一起跪下，放声痛哭起来。这哭声，响彻了烟波致爽殿，传到了天空之中。这个时辰被历史记下，是咸丰十一年七月十七日寅时。

人们忙碌着，早有人跑过来，张开咸丰帝的嘴，把一个雕刻精致的玉蝉塞进嘴里。这叫"压舌"，也叫"玉含"。这必须在人刚刚去世，趁着尸体还没有完全僵硬，就弄开他的嘴。不然等人完全僵硬，就打不开了。

为什么要向死者嘴里放这个东西呢？古人认为，先人操劳一生，不要空口离开人世，放进一些东西，就好像是吃饭一样，所以叫作"饭含"。也有人说，是怕死者到另外一个世界乱说话，为了免得惹口舌之灾，用东西把舌头压住，就不会乱说话了，所以又叫作"压舌"。皇帝的压舌用玉蝉，蝉能蜕皮，意味着超生转世了。

压舌完毕，赶紧把准备好的寿衣穿上，都是一些朝服之类的。虽然是大热天，仍然是穿挂整齐，不过，人们再也看不到咸丰帝的面容表情了，因为早有人过来，用一块黄缎布盖住了他的脸。就这样，小殓结束了。小殓就是给死者穿衣服。

大家忙碌着，有条不紊。咸丰帝的尸体被移到了一张木板之上，称之为"回床"。载淳随着众人退出了，来到了外间，大殿的中央。

一口高大的金色棺材不知道什么时候被抬了进来，被称为"梓宫"。皇帝的梓宫用金丝楠木制作，分内外两层。满洲皇帝的棺材和汉人棺材不同，一是棺材的头部有一个葫芦，那是死者头部的部位，在关外的时候，也是挂祭奠物品的地方；二是形状特殊，满洲皇帝的棺材外表看上去就像一座小房子，顶部"状如屋脊"；三是满洲皇帝棺材四周雕满了经咒，大概是四大天王的咒语。

大殓开始了。咸丰帝的尸体被抬进梓宫之中，人们纷纷瞻仰，大

父皇已经闭住了
嘴，他的眼睛闭上了。
咸丰十一年
七月十七日寅时……

李寅语录

在这种情况下，咸丰帝安排了一次特别见面会。大家纷纷向他祝寿的时候，小载淳粉墨登场。只见他风度翩翩地走来，『仪度倍娴』，大家纷纷夸赞，说大清后继有人。载淳也不含糊，越夸越起劲，走起了正步，一板一眼，让大家钦羡不已。

阿哥是第一个。他先走过去，三跪六叩首，然后再把一些准备好的物品放进棺内，有玉如意、荷包等，大阿哥记不清都有什么了。接着是皇后、懿贵妃……

大家一个个进行，每个人都有礼品放进去，把咸丰帝的棺材塞得满满的。最后，有人拿过一床两米见方的被子，叫作“陀罗尼经被”，盖住了包括咸丰帝尸体在内的所有东西。据说，这床经被可以帮助死者超度，尽快进入西方极乐世界。

“要钉上了，叫大阿哥看一眼吧。”有人请示。接着，就有人抱起了大阿哥，来到了梓宫前面。大阿哥放眼望去，可是他什么也没看见，只看到了一床明晃晃的被子。这其实只是一个形式而已，不可能叫他看见死去的父皇的脸。

大阿哥这个时候真的很懂事，他乖巧地任人摆布。当有人放下他，离开咸丰帝棺材的时候，大阿哥下意识地挥挥手，那是在向他的父皇再见。

吓得尿了裤子

咸丰帝去世，载淳即位了。他刚刚 6 岁，懵懂无知，还总想出去跑呢，可是，给他的感觉和以前大不相同了。

一个是大家对他的态度变了。文武百官、王公大臣见到他，都喊“皇上”了，那个不可一世的肃顺见到他之后，也是谦恭地喊皇上，这让载淳感到了变化。尤其是那些宗室长辈，见到他之后，都谦恭地喊他皇上。就连两位母亲见到之后，也都改变了之前的称呼，不过，她们不叫皇上，而是叫皇帝。

二是两个母亲的称谓变了。皇后额娘变成了母后皇太后，当时，因为她住在烟波致爽殿东暖阁，也叫东太后；贵妃额娘住在烟波致爽殿西暖阁，当时也叫西太后。载淳习惯于喊额娘，这个时候不同了，要喊皇太后了。

最让他感到别扭的是，自己的自由没有了。每当他想出去玩的时候，便被太后叫回来，这个时候，载淳便有些不服气。

他很纳闷儿，父皇也是皇帝，可是，他想做什么就做什么，谁敢批评呢？自己虽然也做了皇帝，却要被太后管束，什么都不能做，好像还不如之前做大阿哥的时候好。

两宫太后看出了他的想法，觉得是必须要教育一番了。载淳被通知来到东太后的寝宫，亲生母亲那拉氏也在场。他习惯性地喊："额娘，我来了。"那拉氏一脸的严肃道："皇帝不许再喊'额娘'了，要叫'太后'。这是规矩，而且，你做了皇帝，也有年号了。"

说到这里，那拉氏顿住了，她想了想，自己都感觉别扭，她不喜欢八大臣拟定的这个年号。但是没有办法，还是要告诉载淳的。她拿过笔来，在上面写下"祺祥"两个字。载淳看了看，并不认识。于是她教给他两个字的发音。

载淳看着两位母后，满脸的不快。他还是想说出自己的想法："那我明天可以玩去吗？"

"不行！"那拉氏斩钉截铁地回答。

"别吓着他，皇帝还是个孩子呢。"东太后心疼地说道。

可是，那拉氏还是不依不饶，她批评载淳不长进，怎么能成为一个杰出的帝王呢。那拉氏还列举了清朝的两个小皇帝即位的时候，是如何听话，如何有成就的。这两个帝王一个是顺治帝，6 岁即位；一个是康熙帝，8 岁即位。两个人都是大清伟大的帝王，那拉氏要载淳向他们学习。

果然没有自由了，载淳天天被太后抱着上朝，天天听他们在吵。他感到奇怪，有什么吵的呢。尤其是八月十一日，这一天对他来讲简直就是灾难，太可怕了。

这天，两宫皇太后召见八大臣。载淳由东太后抱着，正襟危坐，等待王公大臣觐见。载垣、端华、肃顺等八大臣行礼觐见。为了讨论一个议题，那就是关于董元醇的奏折。

董元醇是山东监察御史，他上了个折子，叫《奏请皇太后权理朝政并另简亲王辅政折》。这个折子有四个内容：一是请太后垂帘听政；二是于亲王中简派一二人辅政；三是给小皇帝另选师傅；四是整顿吏治。

皇太后让八大臣讨论这个奏折。谁知道，端华马上反驳道："不用讨论了，没有必要。"

那拉氏道："我看这里面的内容都很好，你们详细讨论讨论。"

这个时候，就听见肃顺大声喊道："臣等赞襄幼主，不能听命于太后，请皇太后看折亦为多事。"

接着，让载淳意想不到的事发生了。那拉氏与肃顺大吵大闹，谁都不让步。

载淳吓坏了，他不明白他们为什么这样吵架，竟然浑身哆嗦起来，紧张得尿了裤子。东太后正抱着他呢，尿液浸湿了她的衣服，现场一片混乱。

承德三怕

事态发展到这里，西太后那拉氏认为，必须回到北京去，因为承德是肃顺等人的天下；回到北京，则是恭亲王奕䜣的天下。奕䜣和那拉氏是早有联系的，那拉氏坚持只要回到北京，一切都好办了。不过，这个时候，必须做功课。首先，得皇帝同意。

载淳同意回到北京去吗？那拉氏征询载淳的意见。不过，问年仅6岁的孩子这个问题，需要降低问话的难度，只问他是北京好还是承德好就行了。

到底哪里好呢？载淳虽然只有6岁，却也有自己的标准。

在北京，衣食无忧，要什么有什么，可是，有一样不好，不自由，两个母亲总在约束自己。在承德呢，载淳对这里究竟印象如何呢？

两个字：害怕。

来的时候他就很害怕。和母亲坐在一辆破车上，一路颠簸，骨头都要散了，极其狼狈，这给载淳留下了深刻的印象。究竟有多狼狈呢？

咸丰十年八月初八日，咸丰帝是从圆明园后门偷偷出发的。侍卫、王公大臣、后妃等一片混乱不堪的场面："端华、肃顺拥驾出东宫门，侍卫等十之三四。后妃纷纷上车，毫无关防。上乘端华旧车，轿子空抬走。闻晚住石槽，膳房、行李俱未到。上进小米粥半盂，一夜无被褥，大哭。"

以上就是《庚申都城戒严事记》记录的真实情况。咸丰帝仓皇出逃，连最基本的生活保障都没有。没有吃的，只有小米粥，还是恭亲王亲自下灶，煮了几个鸡蛋献上来，他才勉强果腹。最凄惨的是晚上，连被子都没有，帝王后妃们没有办法，也只有抱头痛哭了。这些情境，载淳是记忆犹新的，因为他也曾经陪着大哭过。

这是载淳记忆中的"害怕"场面，是承德之行的第一怕。

第二怕是父皇之死。咸丰帝临终之际，那种眼神，那种语气，那种吓人的模样，以及他刚刚去世之后人们的放声大哭，吓着了这个年仅6岁的孩子。他不明白，父皇为什么被盖上了脸，为什么被放进大棺材中，人们又为什么这样痛哭。总之，对他来讲，那几天实在是太害怕了。

还有第三怕。发生的时间最近，就在这几天，他不明白肃顺他们为什么总和母亲们吵架，而且是大吵大闹。他害怕，甚至做噩梦。最害怕的一次，他吓得尿了裤子，这个事件被记录在史料之中。

承德给载淳留下了这“三怕”，他还愿意留在这里吗？那拉氏的启发起到了重要作用。载淳愿意回到京师去，回到紫禁城里去。不过，圆明园是回不去了，因为它已经被英法两个强盗给无情地烧毁了。

有家难回

不过，回北京很难。有人不让他们回去，这是要绑架吗？

不错，就是绑架。是肃顺等八大臣绑架了他们。

咸丰帝他们到承德以后，局势迅速发展。恭亲王奕䜣经过努力，与英法等帝国主义签订了《北京条约》。为此，在九月二十六日，奕䜣上折，请求咸丰帝回銮京师。咸丰帝何尝不想回去呢？只有回到北京，才能找回面子，在承德毕竟是流亡政府啊。但是，肃顺等人不愿意，他们想维持这种挟天子以令诸侯的局面，然而这种局面，只要一回到北京就会被打破。所以，九月二十九日，迫使咸丰帝下旨，回銮“此时尚早”，不予答复。

但北京方面并不气馁，一而再，再而三地请示。

九月三十日，恭亲王奕䜣上折请示皇帝回銮，肃顺等人回复：“明春再降谕旨。”时间推迟到了明年。

十月初一日，恭亲王奕䜣率领群臣再次请求咸丰帝回銮京师，“以定人心”。肃顺代替皇帝拟旨：“本年回銮之举，该王大臣等不准再行渎请。”下达了严厉的禁令。

十月十七日，正蓝旗护军统领文祥上折，请求皇帝回銮，“以定人心”。

此外，还有好多大臣纷纷上书，要求咸丰帝回銮京师。真可谓千呼万唤，还是不回来。

尽管如此，谁敢揭露肃顺等人裹挟皇帝，阻挠其回銮的真相呢？不过还真有一个心直口快之人，这人就是兵部侍郎胜保。他公然说：“欲皇上之留塞外者，不过左右数人，而望皇上之归京师者，不啻以亿万计！”肃顺等人对胜保的一席话，恨得咬牙切齿，但也很害怕真相被披露出来。

有一个细节很能说明问题。咸丰十一年六月二十九日，在北京的恭亲王奕䜣听说咸丰帝病情加重，也不等皇帝批准，便星夜兼程，赶到承德探望。但是，奕䜣此行很危险，等于是深入虎穴。所以，咸丰帝偷偷对他说：“你在这里不妥，他们将不利于你，赶快秘密地回京吧。”奕䜣心领神会，于是，他在载垣、端华、肃顺等人面前进行了一番表演，迷惑了他们，巧妙地躲过了危险，逃离了承德。

这样看来，咸丰帝一家是有家难回了。

但是，也有人认为肃顺等人的作用被过高地估计了。咸丰帝自己真的愿意回到北京吗？我看未必。

一种观点，是说他被洋人吓破了胆，尤其是他们火烧了圆明园，把咸丰帝真的吓坏了。多年经营的御园，连同那些价值连城的珍宝毁于一旦。就连道光帝的常嫔都被吓死了，几百人葬身火海。咸丰帝几天噩梦不断，要是自己还住在圆明园，那下场还不是一样吗？

还有一种观点，是说咸丰帝对恭亲王不信任。造成的这个结果有三个原因：一是早年的争储嫌隙，小心眼儿的咸丰帝总也放不下；二是惇亲王奕誴挑拨，有史料说，奕䜣的这个五哥跑到承德去挑拨咸丰帝与恭亲王之间的关系；三是肃顺等人的谗言。

由于一直是恭亲王奕䜣在上书皇帝回銮，因此咸丰帝心中难免有些忌惮。

载淳有些心灰意懒，如何才能离开可怕的承德，回到北京去呢？

叔嫂鸡毛传信

两宫皇太后对回到北京的事情，达成了一致意见，包括小皇帝载淳，也是赞同。可是，这事对孤儿寡母来说，很难做到。唯一的办法，就是请恭亲王火速来到承德，商量对策。

可是，恭亲王在北京，与承德相隔几百里，如何才能得到这个消息呢？至少先让他得知道，太后们需要他的出现，与之谋划。

那么，奕䜣愿意前往承德吗？他求之不得。他太委屈了，如果用一个成语来概括他的人生，就是“生不逢时”。他是很优秀的一个皇子，长相英俊，身体又好，还很有才，骑射本领谁都不如他。可是，昏庸的道光帝没有把皇位传给他，而是传给了咸丰。按说咸丰即位之后，应该好好利用奕䜣的才略，恰恰相反，咸丰帝小肚鸡肠，不但不重用他，还极力排挤他。

排挤他也就算了，最让奕䜣不能接受的是，咸丰帝临终之际，安排八位赞襄政务王大臣，都没有奕䜣。奕䜣作为近支叔王，都没有资格辅佐小皇帝吗？这种安排使得奕䜣没有面子，让他感到极为窒息。

彼此就好办了，承德的两宫太后需要奕䜣，奕䜣需要到承德与太后共谋大事。可是，这只是我们今天的分析，当时的当事人双方并不知情。因为他们是叔嫂关系，尤其是两宫太后，一个25岁，一个27岁，与年轻的小叔子之间要想见面，还有很多障碍需要排除。

清宫《宫规》明确规定，老皇帝去世，遗下的妃嫔必须超过50岁，才可以和皇子们相见，很明显是怕出现乱伦的局面。这样看来，叔嫂之间要想见面就更加困难了。

在这个关键时刻，起决定作用的只有两个人，那就是两宫太后。她们是不是具有政治智慧将决定成败。

薛福成的《庸庵笔记》记录了一个场景：“俯巨缸而语，计议甚密。”载淳亲眼看到，两个额娘在院子里面嘀嘀咕咕。他很好奇，她们在说什么呢？原来她们在策划如何才能见到恭亲王。这需要给他送去一封十万火急的“鸡毛信”。

由谁送去呢？

对于这件具有戏剧性的故事，后人总结了以下几种说法：

第一种说法是那拉氏的妹妹派人送去的。那拉氏的妹妹可不是一般人，她经过选秀女，成为醇郡王奕譞的福晋。奕譞是咸丰帝的七弟，当时跟随咸丰帝一起逃亡承德。这要是在北京，姐妹两个见面会很难，可是，在承德没有那么多规矩，那拉氏有可能委托妹妹送信。

第二种说法是东太后钮祜禄氏派人送的信件。钮祜禄氏有个非常机灵的侍卫叫恒起。她把鸡毛信交给了恒起，恒起日夜兼程，到北京后，把信件交给了钮祜禄氏的弟弟广科，广科赶忙前往恭王府，把信件最终交给了恭亲王。

还有第三种说法，最具传奇色彩，是西太后让她的太监安德海给送的。

安德海的机灵、能说会道是有目共睹的。他早就成了西太后的心腹，负责搜集消息，是她的重要耳目。可是，安德海怎么能出宫而去呢？这么显眼的人出宫，肃顺等人一定会产生怀疑的。于是，西太后沿用了一个传统的做法“苦肉计”，把安德海打得皮开肉绽，然后，将他轰出宫去。就这样，安德海顺利完成了这一重要使命。

鸡毛信送到了，奕䜣知道了一切，他摩拳擦掌，做好了准备。

表演开始了

八月初一，一大早，奕䜣来到了承德。他一到这里，承德的气氛马上紧张了起来。为什么呢？

肃顺紧张，是因为他最怕的就是这个恭亲王，怕他联合太后整他。所以，他一直阻挠奕䜣前来承德。

两宫太后紧张，是因为她们两个最想联合的人就是他。可是，作为叔嫂，彼此毕竟不太熟悉，他能够帮到她们吗？他心里既兴奋，又紧张。

但是，肃顺心中有一个原则：绝对不能让奕䜣与两宫皇太后单独见面，这是底线。

可是，他算计不过奕䜣。奕䜣足智多谋，他开始了自己的表演。

先是大哭。他来承德的目的是什么？是叩谒咸丰帝的梓宫，就是大棺材。所以，必须好好表现。《庸庵笔记》这样记录："恭邸今日大早到，适赶上殷奠礼，伏地大恸，声彻殿陛，旁人无不下泪。盖自十七以后，未闻有如此伤心者。"也就是说，恭亲王扎扎实实地完成了此行的任务。他大声地哭泣，尽情地释放，可谓表演得非常到位了。

但他头脑依然清醒，他没有忘记，此行的重要目的是面见两宫皇太后，商量大事情。他会如愿以偿吗？

肃顺当然不同意，赞襄政务大臣杜翰心领神会，便出面坚决阻止："叔嫂之间一定要避嫌。平常不是说'寡妇门前是非多'吗？你们不要单独见面。"这话在理儿，肃顺鼓掌，表示了自己的态度。

奕䜣岂能就此罢休？他提出了一个折中的办法，让郑亲王端华与他一起觐见皇太后。奕䜣这话说得很冒险，如果端华真的陪着他，那可怎么办呢？

结果冒险成功了，端华竟然死要面子活受罪，他给了恭亲王面子，主

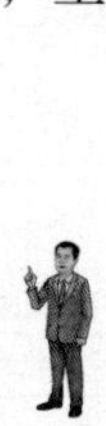

要是给了自己面子，他说：“你们叔嫂相见，我陪着干吗？”端华的这个重大失误，给了奕䜣和太后一个千载难逢的机会。

他们为这次匆忙的会见、万人瞩目的会见，制订了一个非同寻常的计划。对于会见双方来说，成果巨大：决定了政变的时间、地点，商量了政变前后的相关细节，比如政变之前的军事部署，政变过程中的实施手段，政变之后的权力分配等。

两宫太后和恭亲王的目的达到了，恭亲王不能再待下去了，必须火速回到北京，布置一切。八月初七，他都来不及向当今天子载淳道一声“再见”，就匆忙离开了。史料记载，一路上，他晓行夜宿、日夜兼程，都不敢住在官方的驿站里，怕遭到肃顺等人暗害。

丢了王牌

恭亲王如愿以偿了，他与太后告别之时，反复叮嘱，一定要想办法回銮京师。这等于是恭亲王给两宫太后的一个任务，让她们无论如何，尽快回銮。她们两个能够完成恭亲王交给的任务吗？

这就要努力了。因为咸丰帝在世的时候，想要回銮京师，都被肃顺等人阻止了，没能实现。现在，肃顺等八大臣控制着整个朝廷，就连上谕的拟定、发布都由他们控制着，载淳和两宫太后实际上相当于傀儡。看起来要实现回銮，真的很难。

可是，那拉氏足智多谋，她和东太后紧急召见八大臣，提出必须尽快回銮京师的理由：

第一，大行皇帝需要回銮京师。那拉氏说明了理由，咸丰帝晏驾在承德已经半个月了，应该把他的棺材尽快运回紫禁城，供奉在乾清宫里面，

史料记载：一路上恭亲王晓行夜宿，日夜兼程，都不敢住在官方的驿站里，怕遭到肃顺等人的暗害

李寅语录

承德给载淳留下了这『三怕』，他还愿意留在这里吗？那拉氏的启发起到了重要作用。载淳愿意回到京师去，回到紫禁城里去。不过，圆明园是回不去了，因为它已经被英法两个强盗给无情地烧毁了。

这是祖制。之前无论哪个皇帝去世，不管死在了哪里，他的棺材最终都要被运到乾清宫里面。因为那里才是皇帝的家，只有在那里停灵，才算是尽到了孝道。那拉氏还举了几个例子，康熙帝、雍正帝、道光帝均在圆明园去世，最终都回到乾清宫停灵；嘉庆帝死在避暑山庄，最后回到乾清宫停灵。毫无疑问，咸丰帝也要回到乾清宫停灵。

第二，当今皇帝需要回銮京师。那拉氏指出，载淳即位以来，虽然拟定了"祺祥"年号，可是，还一直没有举行登基大典。皇帝没有登基大典，算怎么回事儿呢？而登基大典必须在紫禁城内太和殿举行，那才是天子应该登基的地方。

肃顺提出反对意见："皇上那么小，京师万一发生事变，怎么办？"

那拉氏早有准备，回他道："这个不用管，如果发生意外，与你等无关。"

肃顺等听了太后的话，竟然语塞了，他们不知道还用什么理由来阻挡她们回銮，他们甚至没有想到，那拉氏的这些计谋与恭亲王的到来有关系。他犯了一个大大的失误。他完全可以驳斥那拉氏，作为先帝委托的赞襄政务大臣，对皇帝的安全岂能不闻不问？

肃顺不反对，就等于是同意了。回銮京师的大计划就这么轻松完成了，两宫太后欣喜若狂。

消息传出来，人们的感受真如五味杂陈。太后高兴，那是因为一个巨大的计划就此拉开了大幕；载淳高兴，他不想在这个伤心而又吓人的地方再待下去了；妃嫔们高兴，承德的伙食供应真是糟透了，一切均不如紫禁城的地道。

可是，肃顺等人却感到了恐慌。从咸丰十年八月来到承德，他就控制了咸丰帝，挟天子令诸侯的感觉真好。快一年的时间了，做任何事情都能心想事成。可是，一旦回到北京，那里是恭亲王的天下，他极有可能利用洋人向朝廷施加压力，到时候会不会出现权力转移呢？

担心是没用的，关键是走好下一步。看看事态如何发展吧。

那拉氏抓住这个机会，迅速提出了回銮的具体事宜。

一是回銮的时间，确定在九月二十三日。

二是回銮的任务分工。那拉氏进行了部署，这太关键了。大家屏住了呼吸，听她是如何安排的。那拉氏提出，咸丰帝在世的时候，肃顺最得信赖，由他护送大行皇帝的梓宫。小皇帝载淳年纪还小，平时他最信任的人是两宫太后，所以，由两位太后一路护送。为了解除肃顺的顾虑，由怡亲王载垣和郑亲王端华一路扈从。

有什么意见吗？肃顺等人急速转动着脑子。“没什么问题”，这是他们的结论。

可是，肃顺集团不是智者，细细思考，就会发现，这里面有一个天大的问题。回銮京师，对双方来讲，都是一次政治冒险，肃顺集团首先想到的应该是抓住小皇帝载淳。谁抓住了载淳，谁就是最后的胜利者，因为只有这个孩子才是皇权的代表。

这样，肃顺集团前后犯了两个巨大的失误：一是没有狠狠回击那拉氏的话，同意回銮京师；二是肃顺没有紧紧抓住载淳这个王牌，以便在关键的时刻保护自己，挟天子令诸侯。他失算了，王牌丢了，等待他的将是怎样的命运呢？

要命的时间差

有的人说，那拉氏和奕䜣有一次完美的合作，那就是“北京政变”。而这次政变的关键，是两个人的合作，打了个时间差。

北京到承德有多远呢？有 230 公里。咸丰帝走了 8 天的时间，这是正常的行走时间吗？咸丰十一年八月初八，咸丰帝从北京出走承德，到八月十六日，抵达承德，用了 8 天的时间。可是，嘉庆二十五年七月，嘉庆帝巡幸木兰，却走了 6 天的时间。他是七月十八日出发的，七月二十四日抵达热河。可能是咸丰帝的人多，再加上交通工具不好，多用了两天的时间。

那么，清王朝的这次回銮京师用了多长时间呢？

九月二十三日，载淳与两宫太后从承德出发，6 天后，九月二十九日，抵达京师。也就是说，他们用了 6 天的时间，属于正常的时间范围。

那么，肃顺他们护送咸丰帝的梓宫，到底走了多长时间呢？

资料记载，就在载淳等到达北京之后的第三天，肃顺他们还在密云，距到达北京还有一段距离。之所以慢了几天的时间，是由于咸丰帝的大棺材，行走异常缓慢。一般来讲，要求昼行夜止。晚上是绝对不能行走的，要把棺材供奉起来，反复行礼。而且，这个季节的北方还是雨季，一旦遇雨，道路泥泞，行走就更加缓慢了。肃顺再着急，也没有用。他非常想知道，北京怎么样了，不会有什么问题吧。

他猜对了，就是在这宝贵的 3 天里，发生了谁都意想不到的大事。

一是小皇帝表态了。

九月二十九日，钮祜禄氏、那拉氏、载淳一行在载垣、端华的陪同下，抵达京师。奕䜣率领文武百官出城迎接，并迅速进行了秘密磋商。

这次会见，是非正式的，是以哭声开始的。这哭声是两宫太后发出的，他们见到了久别的亲人，因而放声痛哭。这哭声不仅仅意味着委屈，更表达出一种企盼，盼望着北京的王公大臣同情她们，来解决她们面临的政权危机。

这一哭，果然奏效。谁都没有想到，一向在大庭广众之下不会说话的载淳发声："母后，奴辈如此负恩，即斫头可也，请勿悲！"两宫太后惊呆了，恭亲王惊呆了，在场的王公大臣们都惊呆了，一个6岁的孩子，如何懂得这些？他居然说出要砍掉肃顺等头颅的话，难道这是天意吗？

不管怎么样，都是皇帝的话，可谓金口玉言。皇帝都说了，肃顺等还能活吗？

二是载垣、端华、肃顺被迅速拿下。

两宫太后抵达京师，与奕䜣等达成共识，又有小皇帝的表态，以迅雷不及掩耳之势，将载垣、端华拿下。资料记载，捉拿她们的时候，是恭亲王亲自指挥的，载垣、端华不服，被强行摘下顶戴，捆绑至宗人府关押。这个时候，肃顺尚在路上，对北京的局势一无所知。

十月初二日，肃顺一行正在密云歇脚，却被睿亲王仁寿、醇郡王奕譞强行拿下。《庸庵笔记》记载："逮者至，门已闭，乃毁外户而入。"不可一世的肃顺没有预料，自己就这样成了阶下之囚。

三是新的辅政班子组成。

就在十月初一，太后连发五道谕旨，中心内容是授予恭亲王奕䜣以巨大权力，命他以议政王的身份，在军机大臣上行走，并组成新的领导班子。

这一切，都在这3天的时间差中完成了。这3天时间差，改变了很多人的命运，太后、载淳、恭亲王、载垣、端华、肃顺等。你死我活的政变在瞬间完成了，成功者弹冠相庆，失败者则要付出生命的代价。

真是要命的3天。

第四章 失败的教育

对于孩子来讲，最重要的莫过于教育。父母都愿意倾其所能，把他们培养成最优秀的接班人，皇家也是一样，因而，便动用皇家优势，选择全国最好的老师，绝对不会让孩子输在起跑线上。可是，他们忘了孔子说过这样一句话："知之者不如好之者，好之者不如乐之者。"这层简单的递进关系告诉我们，多好的老师都没用，主要看孩子是不是对学习感兴趣。

入学通知书到了

同治元年，载淳最不想做的事情终于来了。他最不想做什么呢？上学。他喜欢什么呢？自由。可是，这一切都结束了。入学通知书到了，他被通知前往鸿德殿入学。

同治帝走在路上的时候，心里在想，也无所谓，反正老师是老相识了。这个老相识就是李鸿藻，一个很懂礼貌的老师。那当然，给未来的皇帝当老师，谁敢不礼貌啊！

可是，同治帝走进教室的时候，傻了，他的老师不仅仅李鸿藻一个人，又添了好多老师，都在那里恭候着他呢。都有谁呢？

资料记载，两宫皇太后慈安和慈禧经过筛选，又相中了几位老师，共同负责对同治帝的教学工作。

祁寯藻老师，生于乾隆五十八年（1793 年），嘉庆十九年（1814 年）22 岁中进士，历经乾隆、嘉庆、道光、咸丰、同治五朝，为三代帝师。道光年间，他在翰林院任侍讲学士，经筵讲官，为道光帝讲习经书；咸丰帝年间，他为体仁阁大学士兼任讲官，为咸丰帝讲治国方略，授用人之道。这次，两宫皇太后相中他，任同治帝老师，在弘德殿为同治帝授课。

翁心存老师，道光二年进士，选庶吉士，授编修。咸丰元年，擢工部尚书。四年，起授吏部侍郎，调户部，擢兵部尚书，迁协办大学士。八年，充上书房总师傅，官至体仁阁大学士。翁心存有丰富的教学经验，曾经是道光帝皇八子钟郡王奕詥的老师，同治元年，被慈安、慈禧看中，为同治帝老师。

倭仁老师，蒙古正红旗人，理学家。道光九年进士，选庶吉士，授编修，历中允、侍讲、侍读。北京政变后，备受重用。同治元年，擢工部尚书。两宫皇太后以倭仁老成端谨，学问优长，命授读弘德殿。

这么多老师在那里等着他，这让同治帝感到很不舒服。

不过，同治帝在见老师之前，要先举行一个开学仪式。

同治帝进入弘德殿的时候，看到了一群老头子在门口站立着呢？心想这都是老师吗？同治帝有些心虚，太严肃了，那么大年纪，多没情调啊。他心里一开始就有几分排斥。

进入大殿，他径直走上宝座。这些老师进来，居然向他行三跪九叩大礼。这里需要解释一下，皇帝的老师按理不给皇帝行这么大的礼节。不过，在开学仪式上，第一次见到皇帝，这个礼节还是必要的。之后再见面，就没有这些大礼了。

见过皇帝之后，就要进入教室了。老师们已在那里跪着等他了。这回一个个介绍吧。介绍一个，同治帝作揖相认，叫“师傅”。这些老师虽然年龄很大，但都是才高八斗的饱学之士，但见到同治帝还是有些拘谨，皇帝给他们作揖的时候，都赶忙还礼，头都不敢抬。

开始上课了，同治帝面向东坐，授课老师对面而坐，其他老师在门口边上设座。

第一堂课由祁寯藻老师讲授，同治帝伸长了耳朵听他讲些什么。只听祁寯藻这么开头："窃臣以衰病退休之员，蒙恩召用。复蒙皇太后懿旨……"同治帝一听，头都要炸了，心想，这个老头子，之乎者也这么多，听起来说话可真费劲。虽然祁寯藻老师讲了很多，但是，同治帝基本上没记住什么。

下课了，有人问他感觉怎么样，同治帝摇摇头道："太枯燥了。"实际上，他是不喜欢这些没有情调的老头子，因而感觉枯燥。

组建学习班

慈禧太后时常询问同治帝的学习状况，但谁敢说什么呢？再说，时间还短，也看不出什么，没准天目一开，就会大有长进呢。

慈禧突然想起一个人来，找慈安太后去，商量同治帝的学业问题。她告诫自己，千万不要忘了，她才是皇帝的嫡母。

慈禧说道："要说学习好坏，除了老师之外，最主要的是要找个好的班主任，督促他、管理他。"慈安也同意，让谁做班主任呢？慈禧提出一个人选。

这个人是绵愉，嘉庆帝第五子。慈禧为什么相中他呢？因为他的辈分最高，和道光帝一个辈分，算起来应该是同治帝的爷爷辈了。而且，他的爵位也很高，是亲王，有驾驭同治帝的身份。所以，资料中记载："穆宗典学，太后以绵愉行辈最尊，品行端正，命在弘德殿专司督责。”

班主任选出来了，慈禧放心一些了。慈禧没想到慈安还有其他的想法：“惠亲王的优势还有呢，从他家里找几个合适的，给皇帝做伴吧。”

慈禧有点蒙，慈安说的什么意思呢？她怎么老说不清楚，说话含含糊糊。安德海听出来了：“太后是说给皇上做伴读。”慈禧看看慈安，慈安点了点头。

伴读，就是我们今天说的陪读。皇帝的叫作伴读，就是陪着皇帝，给皇帝做伴。不过，这是天大的好事，因为不仅仅是做伴那么简单，还可以沾皇帝的光，学到很多知识。

这一点慈禧真的不如慈安，慈安心地细腻，怕同治帝孤单，不适应学习环境，给他找伙伴儿，陪着他学习。

“又是母爱泛滥了。”慈禧想到，学习还找伴读，那还不光顾玩耍，哪有心思学习呢？不过，既然慈安说了，那就只有照办。这事由绵愉自己选择，报给太后批准。

慈禧接到了绵愉的奏报，选中了两个伴读：“一个是奕询，臣第四子；一个是奕详，臣第五子。”慈禧还有一个疑问：“年龄呢？”绵愉告知，这两个孩子同一年生，是道光二十九年出生的。慈禧一算，比同治帝大7岁。可以吧，总要大一些，才可以带个好头。

这样，同治帝的学习班初具规模了，四个老师、一个班主任、三个学生。大家都为了一个目的，就是陪着同治帝学习。

可是，慈禧还是不放心，她担心绵愉软弱，不肯严厉管束同治帝，那样的话，岂不是白费了功夫。尤其是慈安母爱泛滥，又给他找了两个陪读，皇帝会不会贪玩呢？于是，她想出了一个主意。不过，还得和慈安商量，没有她的同意，是很难做到的，因为，她才是皇帝的嫡母。

满堂灌

为了加大管理力度，使同治帝快快成长起来，慈禧决定再给同治帝这个学习班找个校长，负责稽查弘德殿一切事物。

“谁适合干这个呢？”慈安问道。慈禧早已胸有成竹：“非六爷不可。”这个“六爷”就是时下正当红的恭亲王奕䜣。

奕䜣这会儿还了得吗？他帮助慈安、慈禧发动“北京政变”，精心谋划，全力以赴，可以说是冒着生命危险，实现了慈禧的“鸿鹄之志”。太后能亏待他吗？又是铁帽子王，又是“亲王双俸”，已经集合了政权、军权、族权、财权于一身，成为不可一世的风云人物了。

慈安表示赞同。不过，她有一丝担忧，那就是奕䜣会不会很严厉，那样的话，小皇帝会适应吗？她还是母爱泛滥，舍不得管教太严厉。

慈禧表示了相反的态度，认为孩子就得严管，严师出高徒，棍棒之下出孝子。这样看来，两宫皇太后之间在管理载淳的问题上出现了分歧，一个主张严厉，一个主张差不多就得，不要太过分。

最终，慈安让步了，弘德殿以慈禧的意见为主，对同治帝进行严格要求。于是，一个令同治帝恐怖的课程表出来了。

上四门功课，这四门课，有先后顺序。先练习拉弓，接着学习蒙古语，第三学习清语，也就是满语，最后是学习汉文典籍。从这四门课的顺序，我们看出清朝的政治原则：一是满蒙联合，二是重视骑射。

这些功课是在同治帝上朝回来之后，才进行的。因为是垂帘听政，皇帝必须上朝，陪同听政确认之后，才能到弘德殿就读；加之他年龄尚小，承受能力有限，所以，上“半功课”。太后们商量，到同治帝 8 岁之后，改成“整功课”。

除此之外，同治帝还要学习骑马，作为一个马背上崛起的民族，骑马功夫必须精深，要由御前大臣等 4 人教授骑马技巧，并保护皇帝的安全。还要练习步射的功夫，这个由御前大臣和乾清门侍卫共同负责。

那么，同治帝有没有休息的时间呢？很少，即使在课间休息的时候，师傅们也要与他讨论。讨论什么呢？理论与实践相结合，古代事件与现实现象相结合。

一个年仅 6 岁的孩子，就要经受这样的折磨，真比今天的高考还要厉害呀。不过，同治帝也是有法定假的。

一是重要人物过生日。比如两宫皇太后的圣寿节，皇帝本人的万寿节，可以每个节日休息三天，正日子、前后各一天，这样算起来，有 9 天的时间。

二是过年放假。从小年开始，到来年正月初五，皇帝放假在家玩。

三是重大祭日。比如，皇帝亲自到天坛和太庙祭祀，那就不用上学了。

四是传统节日，比如，端午节、中秋节，各放一天假。

五是弘德殿有工程的时候，也可以放假。比如拆、搭天棚，环境太乱，不适于讲课，就放一天假。

这样算来，同治帝的一年假期也就 40 天左右，其余时间都处于这种紧张的学习状态之中。他被各种师傅、教练包围着、保卫着，满脑子都是他们教给的功课，真像今天应对高考的满堂灌，让同治帝疲于应付。

与老师对抗

同治帝的老师，那可都是饱学之士，知识丰富就不用说了。关键是他们也都想表现一番，因为给皇帝当老师这种机会来之不易。

于是，他们各显神通，都想把自己最好的一面呈现出来。查阅史料，可以发现这些老师讲授的内容各不相同。景其浚讲授《历代君鉴》，李棠阶讲解《御批通鉴辑览》和《大学衍义》，祁寯藻讲解《说文解字》。

这些老师中，以倭仁最下功夫，他自己编辑了一本书，把历代帝王事迹加以编辑整理，又把古今臣工的奏疏加以梳理，编辑成册，名字叫《启心金鉴》。他把这本书进呈给了同治帝，并耐心讲解。

那么，同治帝对这些功课是什么态度呢？

一是敷衍。这么多书摆在他的面前，他看不懂，也不想看。反正谁拿来都得学，有的书就摆在弘德殿中间，说是要他展阅。同治帝会假装走过去，随便翻两下，根本不看。

二是对抗。

幼年的同治帝讨厌两个人，一个是李鸿藻，一个是倭仁。

李鸿藻作为同治帝的启蒙老师，难免自以为是。更重要的是，他很严肃，这让同治帝很反感。尤其是他向两宫太后揭露同治，说他："姿性平常，亦不乐攻苦。"意思是说同治帝天赋一般也就算了，还不肯努力。

同治帝与他曾经产生过对立。有一次，李鸿藻很严肃地问他为什么没完成功课。同治帝不说明原因，却要求老师放假休息，李鸿藻严肃地拒绝了。同治帝居然狠狠地把书本"掷之于地"，表示了自己的抗议。李鸿藻惊呆了，他没想到这么小的皇帝会如此表现。

但是，李鸿藻作为老师，他不能让步啊。于是，两个人对峙着，谁都不肯让步。僵持了很久的时间，还是同治帝让步了，他不得不向李鸿藻道歉，并把书本捡了起来。

对于倭仁，资料中没有记载过同治帝与他发生过冲突。但是，同治帝也讨厌他。一是倭仁严肃，向来面无表情，这让活泼的同治帝难以接受，觉得他很不好相处。二是倭仁讲的课晦涩难懂。

他被各种师傅、教练包围着，保卫着，满脑子都是他们教给的功课。

李敖语录

「皇帝」的「帝」字，他应该最熟悉了，他本人就是帝王，别人都知道他是皇帝，他自己能不知道吗？可是，同治帝在念书的时候，却把"帝"字读成"屁"字，凡是有这个字的地方，都是如此。这是故意犯的错误。

同治帝由于年龄小，更主要的是不刻苦，倭仁讲课的时候，他听不懂。于是，他跑到慈禧太后那里去告倭仁的状：“皇额娘，倭仁师傅教的功课太深了，我听不懂。”

同治帝觉得，这要在以往的时候，慈禧一定会大发雷霆，批评他不努力，但是，让他没想到的是，慈禧居然迁就了他，并传倭仁觐见。

倭仁听了慈禧太后的意见，只有叩头称是。他想，既然不能改变皇帝，那就改变我自己吧。

不仅如此，慈禧还对李鸿藻下达懿旨：“讲书不要太多，他消化不了，也记不住。”李鸿藻叫苦不迭，这个孩子本来就不好学，再不给他压力，如何是好呢?

同治帝很庆幸，这次战胜了老师，终于胜利了。可是，他的这种侥幸，慈禧对他的这种迁就，对他以后的学业长进将产生严重的消极影响。

不是个规矩孩儿

要说同治帝有多动症，慈禧太后肯定不满意，慈安太后也不会满意。她们认为这个孩子挺好的，没有多动的毛病。

两位太后清楚地记得，垂帘听政的时候，她们两个在帘子后面，不允许同治帝说话。同治帝在前面坐着，规规矩矩的，挺老实，也很听话。慈安太后母爱泛滥的时候，更加心疼这个孩子，觉得他实在是很可怜。

可是，来自各方面的消息都说明，同治帝不是这样规矩的孩子。他都干了什么不规矩的事情呢?

曾国藩的幕僚赵烈文在日记中这样写道：“今上聪慧而不喜读，一日，与师傅执拗，师傅无可如何，涕下以谏。时御书适读至‘君子不器’，上以手掩器下二口，招之曰：‘师傅看此句何解？’盖以为君子不哭也。”这段日记，反映出同治帝以下一些特征：

一是不怕老师。按说，同治帝小小年纪，见到老师怎么会不害怕呢？但是，他不怕。老师都哭了，他还镇静地用小手招呼老师，看书上面的文字。

二是很“机智”。正当老师哭了的时候，他读到“君子不器”，便用手盖住“器”字下面的两个口，正好是“君子不哭”，在他看来，如果再哭的话，那可就不是君子了。可是，他的这个表现，使老师感觉被学生戏弄了。

但是，这段日记看上去让人心酸。老学究辛苦教学，为了学生长进，都给他跪下了，而且是涕泗交流，学生还这样戏弄老师。但却说明同治帝这样的学生，老师根本管不了。

同治帝是不是有上进的意识呢？

应该说他没有上进的意识。我举个例子，“皇帝”的“帝”字，他应该最熟悉了，他本人就是帝王，别人都知道他是皇帝，他自己能不知道吗？可是，同治帝在念书的时候，却把“帝”字读成“屁”字，凡是有这个字的地方，都是如此。

这是故意犯的错误，按常理说，老师发现这个问题应该严加管教，训斥、打手心、罚站，在那个时代都有可能。可是，这种严师出高徒的做法，在那里行不通。同治帝是高高在上的帝王，老师遇到这种情况，只有极力劝谏，除此之外，只有伏地痛哭了。

其实，老师的这种态度对同治帝的成长很不利。同治帝虽然意识到自己有错，但是，连老师都不敢说，他怎么能够反思呢？相反，同治帝在一次次尝试中，更加滋长了很多错误的观念。

“超负荷”的真相

同治四年，翁同龢开始入弘德殿教学。翁同龢经过一段时间的教学，对同治帝的学习有这样的认识：“盖督责过严，故诸事拘泥。”意思是慈禧太后对同治帝的要求太严格了，导致他不堪重负，就是“超负荷”了。

据《清史列传·徐桐传》记载：

穆宗每日黎明御弘德殿，讲读不逾二时，膳后满、汉功课一时可毕。桐与倭仁等奏以为一日之中，晷刻方长，宜兼习政事，现在召对内外诸臣，皇上御殿入座，嗣后拟于召对军机时，并请皇上入座，从之。

根据这段记载，可以看出同治帝太累了：不仅要上课读书，而且要习武骑射，要给垂帘听政做摆设，还要到两宫太后那里去问安。

所以，人们把同治帝的问题归结为管教严，功课太多。

真的是这样吗？难道是对同治帝的要求太严格了吗？

清人赵翼在《檐曝杂记》中，非常清楚地记录了清朝教育皇子的家法：

本朝家法之严，即皇子读书一事，已迥绝千古。余内直时，届早班之期，率以五鼓入，时都院百官未有至者，唯内府苏拉往来。黑暗中残睡未醒，时复依柱假寐，然已隐隐望见有白纱灯一点入隆宗门，则皇子进书房也。吾辈穷措大专恃读书为衣食者，尚不能早起，而天家金玉之体乃日日如是。既入书房，作诗文，每日皆有程课；未刻毕，则有满洲师傅教国书，习国语及骑射等等，薄暮始休。

这段资料说明一个问题，就是皇子们学习辛苦，是家法中规定的，不是针对哪个皇子的。清朝规定，皇子6岁开始读书，读书的时间为“卯入申出”，也就是早晨5点至下午3点，共计10个小时。

皇子们究竟应该怎么读书呢？

据康熙帝回忆，是老师念一句，皇子们跟着读一句，然后，就是皇子们自己念了，不是念一遍，而是120遍；念120遍并不是目的，目的是要皇子们背下来，于是，又规定再背诵120遍，加起来就是240遍。只有这样，那些晦涩难懂的典籍《大学》《中庸》《论语》《孟子》等，才可以背下来，也难怪康熙帝会累得吐血。

但是，没有人这么要求同治帝，不是师傅们不知道家法，而是皇太后舍不得这样折磨孩子。舍不得的原因就是孩子太小了，真要累吐血，恐怕谁都担当不起。

所以，上述同治帝的功课负担也好，事务也罢，并没达到与众不同的程度；相反，他在众星捧月中自在得很。

这样的话，同治帝的学业是否有长进，关键是看他自己是不是有觉悟，是不是认识到了学习的重要性。

他究竟有着怎样的认识呢？

他的老师翁同龢最清楚了。翁同龢对他不时鼓励，提醒他什么叫“一寸光阴一寸金”，什么叫“少壮不努力，老大徒伤悲”，……苦口婆心，反复提醒。翁同龢说得口干舌燥，而同治帝有什么反应呢？

资料记载这样一句话：“颔之而已。”这四个字太形象了，同治帝真也是太镇定了，对老师的教诲，仅仅是点头而已。

不在状态的 16 岁

同治帝到底是什么样的学习状态呢？他会像康熙帝那样刻苦努力，一句话背诵 240 遍，把自己累吐血吗？

小的时候，以上介绍了他是真正的不努力。出洋相，拿老师寻开心；旷课，经常不到教室；罢课，与老师对峙等，认真学习的时候很少。让老师担心，让班主任操心，让两宫太后揪心。

不过，小孩子贪玩，这也说得过去。现在的小孩子不都这样吗？家庭条件优越，父母娇惯；孩子不上进，自来娇。可是，随着年龄的增长、阅历的增加，会逐步成熟起来，这是一个普遍规律。

同治 6 岁即位，年龄小，工作、学习不成熟，不能对他要求太高。而他长大了是不是有所长进了呢？

同治十年，他已经 16 岁了，已经做了 10 年的皇帝，也已经学习了 10 年，现在的话，也该是一个高中生了。但史料中的记载，让所有人都大失所望。

一是精神不集中。翁同龢发现，同治帝一直精神不集中，总是表现出若有所思的样子。作为 16 岁的天子，早晚要亲政，皇太后命令他要学会看奏折。可是，同治帝不感兴趣，总是走神，注意力不集中。

看书的时候，也是注意力分散，不能集中精力。但是，翁同龢还发现一个规律，同治帝看新书的时候，会比较集中精力，可是看读过的书就不行了。这是为什么呢？原来，是新书不懂，怕老师追问，怕太后考核，精力自然会集中一些。

二是总是疲惫不堪。按理 16 岁的青年，正是精力非常充沛的时候，会有使不完的劲儿。可是，同治帝不同寻常。他总感到疲惫不堪：不想思考，老师提问，显得不耐烦；不想看书，一看就困顿；不想读奏折，一读就合上眼皮；不想写字，拿起笔来，手就发软。究竟是怎么回事儿呢？他年纪轻轻，为什么会这么疲劳呢？

三是和侍读嬉戏。这个小皇帝虽然总是疲倦、困顿、注意力不集中，但是，有一件事他时刻不忘，那就是和侍读打闹。他的侍读，都是年龄差不多的宗室子弟，少不了纨绔子弟，在一起共同语言多，打闹是免不了的事。

《翁同龢日记》中记载，同治五年，他11岁的时候，就经常和侍读嬉戏。比如，正月初九日，“略有戏”；二月十五日，“唯多嬉笑”；二月二十五日，“是日，多戏言”。这一年，同治帝基本就是这样，嘻嘻哈哈、打打闹闹，反正不想学习。

一直到16岁了，这种毛病还是没改。《翁同龢日记》中记载，正月二十九日，“有嬉笑”；二月初六，“无精神则倦，有精神则嬉笑”；三月十六日，“嬉笑意气皆全”。

四是怕。怕什么呢？他怕的东西实在是太多了。一怕看书，《翁同龢日记》说“见书即怕”，由于没有学好，看到书本，可不就害怕吗？二怕看奏折，奏折还不如书本好看，大臣的书法有的很难认，他看不懂，《日记》说他“认字不清”，自然害怕得很。三怕见太后，两宫太后隔几天就要见他一回，询问功课情况，他这种状态，能不害怕吗？

然而，他最怕的还是老师。老师虽然是臣子，可是最了解他。朝夕相处，师生之间已经是非常熟悉了。翁同龢、李鸿藻等虽然是师傅，但是君臣名分是最重要的。所以，同治帝不会怕他们。可他怕老师，因为他经常犯错误，嬉笑、打闹、功课太烂，老师会大发雷霆的。《翁同龢日记》记载：“七月二十四日，精神不聚，读熟书不顺，兰荪颇有声色。”“兰荪”就是李鸿藻，同治帝的这种状态，使李鸿藻已经忍无可忍了，他要“冒犯天颜”了。这让同治帝见了李鸿藻很害怕。

晒晒成绩单

同治帝有那么多名师、大家给他上课辅导，还有那么好的读书环境，他的成绩究竟怎么样呢？

同治初年，小皇帝还是比较听话的，加之老师们的艰辛努力，同治帝的进步还是很快的。同治三年，启蒙老师李鸿藻对他很满意，在他的日记中，经常看到这样的评论，说同治帝“功课甚顺”“功课尚顺”“功课尤顺”“功课极顺”，看来，同治帝成绩是稳步上升的。

可是，两宫太后没想到，这个孩子随着年龄的增长，居然长了很多毛病，比如贪玩、好动、嬉闹等，更让人担心的是他不听话了。

他知道自己是一个高高在上的帝王，优越无比，便开始不听老师的话了，敢于和老师周旋，甚至于做“斗争”。同治六年六月，12 岁的同治帝不想上学了。于是，他向翁同龢老师请假，说自己“头晕恶心，胸中烦忧”。翁同龢怎敢耽搁，慌忙向慈禧报告，慈禧也不了解实情，赶紧给他放假治疗。时间长了，才发现他在装病。

慈禧得知后十分生气，下旨称，今后师傅要搞清楚，不允许随便给皇帝放假；太监等奴才要多加注意，有情况及时汇报，不得帮助皇帝撒谎，否则严惩不贷。慈禧明知道是自己儿子在撒谎，可还是要其他人为之承担责任。

所以，同治帝的成绩出现了下滑。

先看看他的论作。

同治八年，李鸿藻老师给他出了一篇命题作文，题目叫《任贤图治》。14 岁的同治帝开始思索，然后，提笔作文。他用了一个多小时的时间，写了这些：“治天下之道，莫大于用人。然人不同，有君子焉，有小人焉。必辨其贤否，而后能择贤而用之，则天下治矣。”

对这篇短短的议论，李鸿藻等老师都感到非常满意。我们观之，算是思路清晰，语句通顺，观点明确。不过，一个多小时的时间就写出这么一点儿内容，未免太过空泛，结构太过简单。可即使如此，李鸿藻等老师也感到很知足了。

除此之外，同治帝的作品就拿不出手了。翁同龢对于同治帝的作品大伤脑筋，在《翁同龢日记》中大加评论。

比如同治帝作《居上不骄》一文，文路不通，没有悟透题目；比如作《遣使赈恤》一文，因为是头一次接触这类课题，便茫然无措；比如作《德日新》一文，因为要加入评论性的文字，便没有思路，写得一塌糊涂。这些文章题目都是根据载淳的帝王身分而命题的，对他以后的亲政会大有帮助，是对症下药的好题目。可同治帝不理解，也不珍惜。翁同龢老师对他的评价是四句话：结构不通；文思不畅；语句晦涩；文作不佳。把自己学生的作品评论得简直就是一无是处了。

同治帝的诗作则良莠不齐。

诗作《松风》有两句："春风鼓太和，好雨知时节。"前句可以，后句则明显是引用，懒到一字不易。不过，像"百花皆未及，一树独先开"这样的句子，翁同龢认为就算是不错的了，至少有一点儿意境在里面。但是，遍览同治帝的诗作，大部分是五言居多，大概七言诗难写，又不好驾驭吧。

对于同治帝的成绩单，慈禧太后明显是不满意的。就文化而论，慈禧的文化水平并不高，尽管她一直学习《治平宝鉴》，读写水准仍很有限，这一点我们从她罢免恭亲王奕䜣的谕旨中就能看出大概。但是，她还是能够判断出自己儿子的水平非常差劲。

所以，慈禧一方面严肃批评儿子不长进；另一方面，慈禧对她精心选择的老师多有不满，难免流露出责备之意。

相形见绌

同治帝的学业很糟糕，但是，有人认为责任不在他，小皇帝都那样。真的那样吗？我们不妨考证对比一下，看看其他年幼的皇帝到底怎么样。

清朝，在同治帝之前的小皇帝共有两位，一个是顺治帝，6 岁即位；一个是康熙帝，8 岁即位。他们两个与同治帝即位时的年龄相仿。

先看顺治帝。

顺治帝 6 岁即位，由叔父多尔衮摄政，朝政大事几乎完全由多尔衮决定，顺治帝就是一个傀儡而已。对于这样一个小皇帝的学业，是否有人重视呢？

还真有人想起来了，这人就是大学士冯铨和洪承畴。他们两个纷纷上书多尔衮，阐述顺治帝应该学习汉文化：“必习汉文，晓汉语，始上意得达，而下情易通。伏祈择满汉词臣，朝夕进讲。”

多尔衮什么态度呢？不同意。这是为什么呢？6 岁的年龄正是学习的大好时机，错过了不就荒废了吗？

多尔衮就是这个意思，他不想顺治帝太优秀。否则，他文武兼通，将来还要自己做什么呢？多尔衮尤其担心顺治帝从书本上学到更多知识，对自己专权不利；也怕他借鉴古代帝王铲除权臣的办法，那些书本上可都有鲜活的例子。

于是，顺治帝的学业没人管了，他整天疯玩，不学无术，到他 13 岁的时候，还基本不识字呢。这正是多尔衮想要的结果。

按说，顺治帝错过了最好的学习时光，他会不会成为一个没文化的“文盲帝王”呢？

恰恰相反，顺治帝是清朝少有的诗书文画兼优的奇才帝王。他的诗文俱佳，令文人叹服；他的书法“笔势飞动”，得其奥妙；他的山水绘画，得宋元大家真谛，凡此种种，无不令人折服。

这就怪了，顺治帝一直没人教授指导，难道他真的是天才吗？错了，没有生而知之，看下面一段资料，就真相大白了。《北游集》有这样一段记载：

上一日同师坐次，侍臣抱书一束，约十余本，置上前。上因语师曰："此朕读过底书，请老和尚看看。"师细简一遍，皆《左》《史》《庄》《骚》，先秦两汉唐宋八大家，以及元明撰著，无不毕备。上曰："朕极不幸，五岁时，先太宗早已晏驾。皇太后生朕一人，又极娇养，无人教训，坐此失学。年至十四，九王薨，方始亲政。阅诸臣章奏，茫然不解。尤是发奋读书，每晨牌至午，理军国大事外，即读至晚，然顽心尚在，多不能记。逮五更起读，天宇空明，始能背诵。计前后诸书，读了九年，曾经呕血。"

从上面这段话我们看到，顺治帝在亲政之后，亡羊补牢，发奋苦读，曾经累吐血，才有了诗书文画俱精的巨大成就。

再看康熙帝。

康熙帝 8 岁即位，他的文治武功了得，成为世界上少有的"千年一帝"。他的诗文，他的书法，无不达到炉火纯青的地步。那么，这位皇帝又是通过什么途径达到目的的呢？

一是早学。康熙帝从 5 岁就开始苦读学习，他认为读书要早，早年读过的书，一辈子也忘不了。

二是偷学。他为什么要偷学呢？因为早期他的奶奶孝庄不主张他学习汉语，认为那样会汉化的。所以，他只好和小太监偷偷学习。

三是苦学。康熙帝读书认真而痴迷，从不马虎。他读新书的时候，要先念 120 遍，再背诵 120 遍。所以，他累坏了：“五更即起诵读，日暮理事稍暇，复讲论琢磨，竟至过劳，痰中带血，亦未少辍。”

所以，顺治帝、康熙帝的文化成就都是他们刻苦努力取得的，绝对不是什么生而知之。两位都曾经累吐血，就是很好的说明。

这样说来，同治帝就相形见绌了，他的学习条件比以上两位都要好，最起码皇太后重视，给他请那么多大师级的老师。可是，他并不努力，玩心不泯，最终荒废了学业。

另一种失误

同治帝的教育失败，其实受到了各种因素的影响。

比如，父皇的示范作用，咸丰帝对儿子的教育负有责任。俗话说“子不教，父子过”，这句话一点儿也不假，咸丰帝的很多不良嗜好影响了儿子。咸丰帝好色，每天花天酒地，醉醺醺、色眯眯的样子，儿子是看到过的。咸丰帝最钟爱戏剧，无论走到哪里，都要带着戏班子，还亲身参与其中与演员互动。这一点儿遗传给了儿子，同治帝也喜爱京剧，也喜欢参与其中，与演员互动。

母后的两种影响。同治帝的两位母后，慈安和慈禧，性格不同，影响各异。慈安是溺爱占上风，她对同治帝过分溺爱，不舍得管教。孩子少是原因之一，咸丰帝就这么一个皇子成活下来，怎么能不溺爱呢？还有一个原因，这个孩子毕竟不是自己亲生的，太过严厉，也怕他的生母有意见。

同治帝的亲生母亲慈禧太后，对同治帝的影响是最大的了，慈禧的影响不亚于咸丰帝的影响。慈禧对儿子的影响是双重的。一方面是要求过于严苛，翁同龢早就已经发现了，说慈禧“督责过严”。慈禧恨铁不成钢的心理是，往往命老师严格要求；自己偶尔也亲自检查，同治帝的缺点一经发现，慈禧就会横加指责，使得小皇帝很害怕她。另一方面，慈禧走向了另外一个极端，就是过分溺爱儿子。比如，当同治帝诉说功课太晦涩，不好理解的时候，慈禧就要求老师改功课，使同治帝产生侥幸心理。总之，慈禧教育同治帝爱走两个极端，忽严忽松，效果不好。

侍读的不良影响。同治帝有个轻佻的侍读，叫王庆祺。这个人被慈禧相中，具有几个特点：

一是长相俊美。资料中说他“美丰仪”，年轻、俊美、好打扮，被慈禧看中。二是会作词作曲，是一个音乐人，这对于同治帝来讲，具有吸引力。三是善于谄媚，往往按小皇帝的心思办事，讨好同治帝。

他究竟干什么了呢？同治帝去世之后，御史陈彝上书弹劾王庆祺：“查侍讲王庆祺，素非立品自爱之人，行止之间颇多物议。”这个王庆祺究竟干了什么招来御史弹劾呢？坊间传闻，说王庆祺引导小皇帝看黄色书刊，名叫《秘戏图》，从丰润民间购买。据说，两个人偷偷翻看，还被小太监看见，一时之间倍感尴尬。所以，王庆祺被慈禧罢免了官职，永远不再录用，大概她是后悔当初录用这个人了。

陪读的影响。同治帝有很多陪读，大多数是好的，不会也不敢引导皇帝学坏。可是，有一个人胆大，敢于引导同治帝微服出行，这个人就是载澂。载澂不求上进，很顽劣，他做同治帝伴读的时候，经常把外面不三不四的消息趣闻带进宫里。这对同治帝影响很大。同治帝和他可谓臭味相投，两个人经常穿着黑衣，化妆出宫微行，结果搞坏了身体。

太监的不良影响。在同治帝身边有很多太监，他们影响着小皇帝。太监本身就是六根不全之人，他们的内心也是不健全的。这些太监对同治帝起到了极坏的作用，他们引导小皇帝走上了邪路。所以，同治帝去世之后，慈禧狠狠地惩治了他们：“情罪尤重之总管太监张德喜、孟忠吉，顶戴太监周增寿，均着斥革，发黑龙江给官兵为奴，遇赦不赦。顶戴太监梁吉庆、王德喜，着一并斥革，与太监任延寿、薛进寿，均着敬事房从重板责，交总管内务府大臣发往吴甸铡草，以示惩儆。”

这样看，同治帝的教育失败，原因是多方面的。

青春有悔

同治帝游戏人生的态度，两宫太后失败的教育，最终导致了什么样的恶果呢？

永远也长不大。同治帝永远都是个孩子，他至死都没有长大。

为了说明这个问题，我们进行一下对比，和康熙帝对比，看看他究竟有多么幼稚。

以同治帝 19 岁去世为界限，看看康熙帝在这个年龄之前都干了什么。

一是康熙帝在 19 岁之前，已经生育了 7 个子女，是 5 个皇子、两个公主的父皇了。康熙六年，他 14 岁的时候，这年的九月二十一日，他的荣妃马佳氏生下了他的第一个孩子承瑞；康熙七年，他 15 岁的时候，一个张氏女子给他生育了第一个公主；康熙八年十二月十三日，皇后赫舍里氏生育了皇子承祜；康熙九年闰二月初二，惠妃那拉氏生下皇子承庆；康熙十年三月初九，端嫔董氏生下皇二女，十二月二十五日，荣妃马佳氏生下皇子赛音察浑；康熙十一年二月十四日，惠妃那拉氏生下大阿哥胤禔。

二是康熙帝在 14 岁的时候，创立了一项重要制度，御门听政制度。康熙六年，他仅仅 14 岁，七月初七，对康熙帝来讲是最重要的日子，他亲政了。怎样亲政，怎样有所作为，怎样召见臣工，他决定创立一个崭新的听政制度，即御门听政。“是日，上御乾清门听政，嗣后日以为常。”康

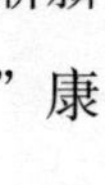

熙帝每日御门听政，在乾清门举行朝廷会议，成了一种重要制度。

三是康熙帝在16岁的时候，铲除了鳌拜集团。鳌拜作为先皇帝临终托孤大臣，专制了8年的时间，朝野内外，遍布党羽。康熙八年五月十六日，16岁的康熙帝运用智慧，铲除了鳌拜集团，发挥了一个少年天子的政治作用，令人刮目相看。

比较起来，同治帝在19岁之前都干了什么呢？

学习不努力。那么多老师、侍读、伴读，围绕着同治帝，目的只有一个，让他快快成长，取得优秀成绩。可是，他耽于学业，成绩极差，让老师们大伤脑筋。

整日游手好闲。资料显示，同治帝喜欢看戏，喜欢和小太监嬉戏，喜欢微服出行，喜欢到八大胡同去，就是不喜欢学习，不研究政治。结果被朝臣屡屡上书，毫不客气地指出他的种种过错。

至死膝下无子。同治帝共有5个后妃。但是，由于他的荒唐，处理后宫事务毫无章法，以至于后宫矛盾重重，直到他去世，仍然膝下无子，成为大清王朝第一个没有生育的皇帝。

不能如期亲政。按照大清家法，少年即位的天子到14岁的时候，就要亲政了。顺治皇帝6岁继位，到顺治八年，他14岁的时候，朝廷为之举办了亲政大典。康熙帝也是一样，8岁即位，14岁举行亲政大典。也就是说，14岁是一个节点，到这个年龄，皇帝就要亲政了。

可是，同治帝无法实现亲政。有人完全归咎于慈禧贪权，不肯放权给他。这固然是一个原因。但是，以同治帝的顽劣无知，不学无术，读折不成句，成绩极烂的状态，如何亲政，难道都指望王公大臣吗？把这样一个大国教给他，谁又能放心呢？

所以，同治帝白白做了13年的帝王，虚度了19年的青春光阴，可谓青春有悔。

同治帝喜欢看戏，
喜欢和小太监嬉戏，
喜欢微服出行，
喜欢到八大胡同去，
就是不喜欢学习，
不研究政治。

李寅语录

同治帝共有5个后妃。但是，由于他的荒唐，处理后宫事务毫无章法，以至于后宫矛盾重重，直到他去世，仍然膝下无子，成为大清王朝第一个没有生育的皇帝。

第五章 亲政那点儿事

作为一代帝王，同治帝对政治是否感兴趣呢？两个标准：他感兴趣的是作为帝王的权力，超乎常人的享乐；而作为帝王应有的兢兢业业的工作状态，忧国忧民的历史责任，他就不那么感兴趣了。所以，同治帝心目中的帝王标准要么含混不清，要么摇摆不定，其出发点和落脚点是实用主义。

从谎言开始

慈禧、慈安以迅雷不及掩耳之势发动“北京政变”之后，首要的问题是消除后患，将载垣、端华、肃顺置于死地。但是，要杀掉这些顾命大臣谈何容易呢？慈禧、慈安绞尽脑汁，终于有了主意。

用“谎言”制伏“谎言”。两宫太后采用无从考证的谎言的形式嫁祸于人。两位撒了一个弥天大谎，先看一段谕旨：“大行皇帝面谕立皇太子，伊等即假传谕旨，造作赞襄政务名目。”这是载垣等被投入大牢之后，两宫太后发布的谕旨，声称咸丰帝没有说过“赞襄政务”之类的话。这难道不是谎言吗？

咸丰帝临终之际，他年仅6岁的儿子载淳即位，按照惯例，他有两个选择，一是由近支亲王辅政，历史上的顺治朝就是这么设置的。顺治皇帝年纪小，由叔父多尔衮摄政，称为“摄政王”。咸丰帝如果走这条道路，就必须由恭亲王奕䜣辅政，这恰恰是咸丰帝最不想做的事情。因为他们的关系一直很紧张，咸丰帝在世的时候，都对他极力排斥；去世之后，能不担心他仗势弄权，以致皇权旁落吗？所以，咸丰帝绝对不走这条路。

二是由大臣辅政，康熙帝即位的时候走的就是这条路，由索尼、苏克萨合、遏必隆、鳌拜等辅政。可是，康熙朝出现了鳌拜专权的局面。前车之鉴，咸丰帝不会不担心，怎么办呢？

咸丰帝聪明地发明了三权分立的办法，由小皇帝即位，八位大臣辅佐，两宫太后牵制，三权互为制衡。这不会有错，载垣等不会撒谎。

但是，载垣等所说的“赞襄政务”，也未必是真。咸丰帝为之准备了八位大臣，让他们虎视皇权，对小皇帝形成极大的威胁，这不会是他的初衷。可是，如果不需要“赞襄政务”，难道只由两宫太后来辅佐小皇帝吗？也绝对不会。咸丰帝不会糊涂到破坏祖制，让女人垂帘听政，贻笑后人。

由此可见，是两宫太后撒了个弥天大谎。目的只有一个，那就是借此杀人。果然，之后的谕旨很快出炉：“岂知赞襄政务，皇考并无此谕，若不重治其罪，何以仰副皇考付托之重，亦何以饬法纪而示万世！”

这就是慈禧、慈安的一个大谎言。她们自己撒了谎，却偏偏说别人撒了谎，这对于年仅6岁的载淳来讲，造成了不好的影响。同治帝一直追问两个问题：

一个是年号问题。载淳一即位，八大臣拟定的年号是“祺祥”。咸丰帝于七月十七日病逝，9天后，也就是七月二十六日，八大臣拟定“祺祥”年号。政变后，到十月初五日，废除“祺祥”，改为“同治”，“祺祥”年号仅仅使用了69天的时间。

“同治”这个年号是什么意思呢？载淳当时并不明白，后来，随着年

龄的增长，他才明白，这个年号的含义，是皇帝与太后同治，是皇帝与议政王同治，权力被真正瓜分了。

二是政变的目的。慈禧、慈安与奕䜣共同发动的这个震惊中外的“北京政变”，究竟目的何在？载淳当时明白，后来又有些模糊不清了。

终于看明白

“北京政变”发生的时候，小载淳6岁，他当时的认识和两位母后的观点是一致的，坚决打倒八大臣，他们是大坏蛋，欺负他们孤儿寡母。

而且，慈禧和慈安在小皇帝面前讨论的，也都是这些飞扬跋扈的大臣侵害了皇权，侵蚀了小皇帝的权力。我们看看慈禧身边的女官德龄在《御香缥缈录》中的说法：

> 就为着要使伊的儿子保持穿这一龙衣的资格起见，在咸丰死去不久的当儿，太后确曾冒着绝大的危险，和四周的恶环境奋斗过，也就亏这一奋斗，竟使伊老人家得以大权独揽……伊当日原是为这一件小龙袍的主人而奋斗的目标，后来却成就了伊自己。

德龄的说法是，慈禧发动政变，最初完全是为了自己的儿子载淳。真是这样吗？

同治帝回忆了一下，往事历历在目。

咸丰帝在世的时候，慈禧对于政治表现出了莫大的兴趣。她帮助咸丰分拣奏章，筹谋划策，甚至公然与咸丰讨论政务。

还有，慈禧一次次与权臣肃顺之间发生冲突，以至于在北逃承德的时候，多次遭到肃顺冷漠的待遇；以至于在咸丰帝临终之际，险些被肃顺怂恿，行汉武帝“钩弋故事”；以至于在咸丰帝病逝之初，两个人公然在庙堂之上大吵大闹。

最让同治帝大彻大悟的是他 10 岁那年，也就是同治四年，发生了一件让他心惊胆战的事件，这就是慈禧“罢免恭亲王事件”。

恭亲王奕䜣在“北京政变”中立下大功，慈禧给了他极大的荣誉和权力，从同治元年到同治四年，恭亲王已经集中了清王朝的军权、政权、财权、族权等于一身，大权在握，一人之下，万人之上，他还会任慈禧的摆布吗？关键是慈禧不想与恭亲王平分秋色了。怎么办呢？

把放出去的权力收回来。《祺祥故事》这样记录：

它日，诏王曰：有人劾汝，示以奏。王不谢，固问何人。孝钦言：蔡寿祺。王失声曰：蔡寿祺非好人！于是，后积前事，遂发怒，罪状恭亲王。

这段描述，简短精辟，作者王闿运把这个事件的因果过程概括得淋漓尽致。

恭亲王心里非常清楚，以蔡寿祺这样的小官，怎么敢于弹劾权势煊赫的恭亲王呢？一定是慈禧太后的暗箱操作。

其实，恭亲王与慈禧的矛盾早就开始升级，慈禧多次与之发生冲突，甚至公然放话，要将奕䜣革职拿办。奕䜣也不服气：“臣是先皇第六子，你能革我职，不能革我皇子！”两个人谁也不服谁，以慈禧的个性，她能够容忍下去吗？恭亲王的地位必然岌岌可危了。

可是，慈禧要罢免恭亲王，把他清理出去，谈何容易呢？为了做到万无一失，她绞尽了脑汁。三月初四接到蔡寿祺的举报，三月初七，她居然不通过军机处，自己亲自执笔，草拟了一篇白字连篇的谕旨。在谕旨的最后，慈禧表明了自己的观点："恭亲王着毋庸在军机处议政，革去一切差使，不准干预公事！"

关于这道谕旨，不管慈禧写得有多少蹩脚，白字有多少，那都不重要，重要的是最后亮明了慈禧的观点和目的：让恭亲王回家去。

这样的结局几乎让所有人震惊。

同治帝震惊，难道母后要第二次发动政变吗？王公惶恐，奕䜣的五哥惇亲王奕誴慌忙上书称"传闻中外议论纷然"，企图阻止慈禧罢免奕䜣；奕䜣的七弟醇郡王奕譞慌忙上书，称"骇人听闻"，力图阻止罢免恭亲王；大臣不知所措，大学士倭仁、周祖培等惊慌之间，与太后召对之时，不知所云。

最终的结局当然是慈禧胜利了，不可一世的恭亲王不得不低头认错。四月十四日，他给两宫太后上了一个《请安折》，然后，他跪在慈禧面前哭了，也认输了。《祺祥故事》记载："双膝跪地，痛哭谢罪。"慈禧乘胜拿下了奕䜣的议政王头衔，拿下了他的总管内务府大臣一职。至此，经过长达 39 天的较量，慈禧和恭亲王之间的权力之争告一段落。

通过这件事，同治帝明白了，慈禧当年发动的政变，完全不是为了维护皇权，而是为了自己揽权。

弦外之音

同治八年，同治帝 14 岁了。这个已经做了 8 年的小皇帝有什么想法吗？当然有，之前的小皇帝在这个年龄已经亲政了。

顺治帝在顺治八年，14 岁开始亲政；康熙帝在康熙六年七月初七，他 14 岁的时候，在太和殿举行隆重的亲政大典，开始了他的亲政生涯。那么，同治八年，同治帝也14岁了，两宫太后要不要撤帘归政呢？同治帝要不要有所暗示呢？

资料记载，这一年，他在师傅的安排下，写了一段意味深长的话，之前我引用过一次，现再重复看一下："治天下之道，莫大于用人。然人不同，有君子焉，有小人焉。必辨其贤否，而后能择贤而用之，则天下治矣。"

我想，在这样一个关键之年，这段话有其深意在里面。这应该是师傅们的精心安排，引导皇帝，告诉他亲政之时到了，他该做些什么；这也应该是同治帝对两宫太后的暗示：我长大了，知道怎样用人，怎样治理天下，请太后归权与我。

可是，同治帝和师傅精心设计的《任贤图治》并没有引起太后的重视，也没有引起王宫百官的重视，因为没有人就此上书，要求太后撤帘归政。

慈禧和慈安对祖制和家法视而不见，对小皇帝的感受视而不见，这段颇有弦外之音的话被风吹跑了。

太后要怎么做呢？总要能够自圆其说啊。

于是，从同治九年开始，她让同治帝读奏折，表达了要他为亲政做准备。慈禧琢磨着，先做出姿态再说，但要真正交出权力，其实并不甘心。怎么办呢？这个当妈的还真动了脑筋。

先来一通责怪。责怪谁呢？责怪老师是必需的，学生成绩差，老师有责任："军机见时，两宫询书房功课，并以上下不能辨字体为言，有谯责之意。"两宫太后的"谯责"，不会是针对同治帝一个人，还有对老师的责怪。

太后"谯责"的具体内容都是什么呢？翻阅史料，大致上有两点：一是"读折不成句"，一是"讲《左传》则不了了"。

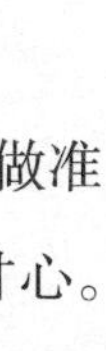

先说“读折不成句”，这是有深意在里面的。意思是同治帝连奏折都读不成句，还能亲政吗？这是弦外之音。

可是，这并不能作为太后不归政的理由。当年，由于多尔衮别有用心，不让顺治帝学习，任其疯玩，结果顺治帝大字不识几个，不要说读折不成句了，根本就看不懂奏折。顺治帝面对奏折，茫然无知。可是，到14岁的时候，他不也一样亲政了吗？

同治帝也真是窝囊透了，自己不争气，成绩不佳，反被太后利用了。他愤怒之余，会以此为动力，变被动为主动，发奋努力，逆袭不利的局面吗？

他不会。同治帝的心目中大概有两个反应：一是抱怨，抱怨母后太贪权，说做两张皮，表里不一。这样，与母后之间的感情疏远了，距离拉开了。

二是自暴自弃。我们看《翁同龢日记》就会发现，从此，这个青年天子更加放浪形骸，更加不思进取，更加为所欲为。他的成绩更差了，这让太后和老师们都大失所望。

目标锁定大红人

母子之间既然出现了裂痕，就很难弥合了。尤其在皇家，本来母子之间亲情就大大逊色于民间，何况他们之间又掺杂进权力之争了呢！

同治帝开始寻找机会，毕竟是堂堂天子，岂能对失去的权力毫无反应呢？他开始从慈禧身边着手，经过思索，目标锁定了。

他锁定的这个人，正是慈禧的太监安德海。

同治帝为什么要把目标锁定在一个太监身上呢？因为这个太监是慈禧

面前的大红人，慈禧最信任这个人。

慈禧是个非常精明的女人，她为什么如此宠信一个太监呢？其中大有缘故。

原来，这个安德海曾经为慈禧立过大功。在慈禧心目中，安德海是个大功臣。

一是在“辛酉政变”中立了大功。

辛酉政变期间，北京和承德相隔几百里，信息不通，慈禧与恭亲王必须见面，商量如何下手，我们今天讲“细节决定成败”，慈禧怎么能不知道这一点呢？可是，由谁来送消息？这个人必须是机灵的，又是自己的心腹，于是，慈禧决定由安德海来完成这个艰巨的任务。

如何完成，这又是一个事关成败的关键。安德海怎么才能蒙混出承德，而不被肃顺猜忌，必须计划缜密。慈禧一不做，二不休，她灵机一动，来了个“苦肉计”，将安德海打得皮开肉绽，才得以使安德海走出承德，蒙蔽了肃顺等人的眼睛。安德海不辱使命，一路奔波来到北京，送信给恭亲王，为政变作出了贡献。

二是投其所好，满足慈禧的享乐心理。

慈禧一向追求浮华生活，比如看戏，这一点丝毫不逊色于她的老公咸丰帝。要说同治帝喜欢京剧，还真是遗传了父母的基因。所以，安德海便投其所好，鼓动慈禧太后建戏园子，造大戏楼，不惜大兴土木之工。

安德海为了讨好慈禧，不惜花钱，为慈禧干两件事，满足她的戏瘾。一是做豪华的戏装，真材实料，一点儿不将就；二是请最著名的戏班子，从全国各地请那些最有名的角，进宫唱戏。当然，安德海这样做，不仅取悦了主子，自己也从中捞到了好处费，何乐而不为呢？他给慈禧充当耳目，成为慈禧的心腹。

安德海是典型的太监心理，他善于察言观色，揣摩主子心理。当他看出慈禧与恭亲王之间产生矛盾的时候，便适时出击，搬弄是非。《祺祥故事》中记载了这样一件事：

孝钦御前监小安，方有宠，多所宣索，王戒以国方艰难，宫中不宜求取。小安不服，曰："所取为何？"王一时不能答，即曰："如瓷器杯盘，照例每月供一分，计存者已不少，何以更索？"小安曰："往后不取矣。"明日进膳，则悉屏御瓷，尽用村店粗恶者。孝钦讶问，以六爷责言对。孝钦愠曰："乃约束及我日食耶？"于是蔡御史闻之，疏劾王贪恣。

按照王闿运的说法，同治四年恭亲王遭到慈禧惩处，是小安子捣的鬼。其实，都是一些小的事情，被安德海这样的小人挑唆，才酿成了大事件。

安德海还真是个有本事的人，通过这些小手段达到了个人的目的，深得慈禧宠幸，成为她最信任的人。

于是，同治帝锁定了这个目标，从这个小安子下手。

结下了仇怨

《清朝野史大观》中，有这样一段描述：

是时，穆宗年逾十龄，心恶之。尝因事斥安德海，旋为慈禧后所责罚。因是恨之益甚。于宫中时以小刀断泥人首。内监请其故，则曰："杀小安子。"于是，内监中知安德海之首领将不保矣。

这究竟是怎样一个故事呢？

同治四年，同治帝10岁了，应该是懂事的年龄了。正是这个时候，他听到了一些不三不四的传闻。

有人说："安德海是假太监，他底下的劳什子还在。"

同治帝对太监了解一些，知道他们都是一些六根不全之人。可是，至于他们为什么要阉割掉生殖器，他并不十分清楚。可是，小太监们怕他不明白，还故意引导他。

宫中有规定，那些进宫不久的年龄很小的小太监，每年必须"刷茬"一次，就是到敬事房中，让阉割师傅检查，如果那个地方长出了小肉芽，就要切割干净。听起来简单，实际上真受罪。谁愿意受那个罪呀？而且是每年一次，小太监都很犯怵。

但是，什么事情都有潜规则，太监"刷茬"也是一样。那些干粗活儿、没有钱的太监，没有钱打理敬事房的管事，便只有任由他们检查，然后挨上一刀，苦不堪言。相反，那些有钱有势的太监便出钱打理，根本不去检查，蒙混过关。

安德海自然属于后者了。他仰仗慈禧太后的宠幸，敬事房的管事哪敢检查他呀。安德海到敬事房那里打个照面，敬事房的管事们便出门相迎，"大总管"长、"大总管"短地叫着，说些他爱听的话，请进屋里，泡壶好茶，招待一番就算了事。

于是同治帝跑到慈安太后那里，把自己的听闻叙述了一遍，问道："母后，您说安德海真的不是太监吗？"

这些风闻，慈安怎么会不知道呢？不仅如此，慈安还听说安德海曾经把一个戏子引进宫中，假借唱戏为名，秽乱宫禁。关于安德海的事情，慈安是将信将疑，听安德海的声音，看安德海走路，她觉得是有一些问题的。但是，慈安必须消弭同治帝的认识，否则后果不堪设想。

“你听谁说的呀？那都是造谣的，安德海是真太监。以后可不要乱说话，你是皇帝，言行要谨慎。”慈安叮嘱同治帝。

事情本来过去了，可是，这个安德海偏偏不知深浅，居然因事得罪了小皇帝。

有一种说法是，有一次同治帝和安德海走了个碰头，安德海没有行礼，就昂然地走开了，引起了同治帝的不满。于是，同治帝叫住了他，大加批评，并放下了狠话：“再要如此，定砍下你的狗头！”

这个不可一世的安德海，没想到有一天会栽在一个小孩子手里，而且是在大庭广众之下，心里憋屈，便跑到慈禧太后那里告黑状。

前文说过，慈禧对安德海非常宠幸，对他说一不二。看到安德海吃了这么大的亏，慈禧能不生气吗？于是，便把同治帝叫来，令他跪下，大加呵斥，把个小皇帝训斥得一文不值。

就这样，同治帝与安德海之间结下了仇怨。

飞蛾扑火

要说这个安德海真是该死。他本来得罪了很多人，有多少人想杀他呀。

恭亲王想杀死他，报当年的一箭之仇。恭亲王明白真相之后，恨不得把安德海撕碎了，食其肉、寝其皮，都不足以解心头之恨。

慈安太后想杀掉他。尤其是当她听到同治帝那番话的时候，心情极度抑郁。她很自责，觉得对不住去世多年的丈夫咸丰帝。她恨恨地想：都是这个该死的狗奴才，秽乱宫禁。她甚至想起了当年咸丰帝给她的密谕，几次想拿出来，动用家法，惩治安德海和慈禧。

需要解释一下。有资料记载，慈安手中有咸丰帝临终密谕，以便在必要的时候，用来制伏慈禧：“（慈安）袖出一函，授那拉氏，使观之。那拉氏启视，色顿变，惭不可抑。函非他，即文宗所付之遗诏也。”咸丰帝也知道，慈禧厉害，以慈安的性格，是很难驾驭的。为此，咸丰帝临终之际，特授予慈安一纸密谕。

同治帝是最想杀掉安德海的了。宫里的人都知道，上自慈安太后，下至太监宫女，谁不知道安德海仪仗慈禧太后，欺负小皇帝。大家还知道，同治帝经常用小刀砍泥人的脑袋，砍掉一个，再砍掉一个，嘴里面还念念有词：“杀小安子！杀小安子！”

除此之外，宫中那些太监又有几个不恨安德海的呢？安德海平时飞扬跋扈，连同治帝、恭亲王这样的人都不放在眼里，何况是那些太监呢？他的言谈举止之间，无不流露出狂傲不逊，令人讨厌至极。

在这样的情况之下，安德海一定要注意了，稍有不慎，就可能翻船。可是，这个奴才偏偏不知检点，什么都不怕。这就应了那句话，叫“不作不死”。他居然干了一件飞蛾扑火的傻事。

他干的这件事，很多清史资料中都有记录。《翁同龢日记》：“闻安姓太监将往江南查考、采办诸物价值。”此外，印鸾章的《清鉴》、无名氏的《清史列传》、萧一山的《清代通史》等，对此事件都有不同程度的描述。

这个胆大妄为的太监，究竟干了什么大事，这么引人注目呢？

他居然在同治八年六月，向慈禧请示，想出去到南方玩玩，也像当年康熙爷、乾隆爷一样，下江南。可是，总得找个由头啊。他向慈禧建议，派他到江南去采办龙袍等用物。

令人不解的事，慈禧太后居然批准了安德海的请求，真是糊涂至极。为什么呢？

印鸾章在《清鉴》中这样写道：“太监不得出都门，犯者死无赦。”意思就是太监不能走出北京，出城就犯了死罪。当然，更不能承办什么皇差。

关于这一点，早在顺治年间，顺治帝就有明文规定："以后但有犯法干政窃权纳贿，嘱托内外衙门，交结满汉官员，越分擅奏外事，上言官吏贤否者，即行凌迟处死，定不姑贷。特立铁牌，世世遵守。顺治十二年六月二十八日。"明确规定了太监必须遵纪守法，老老实实当差，不许胡乱走动。为了警示太监，特将铁牌立在了交泰殿前。

这一切对安德海都没用，他决定铤而走险，他要出宫到南方去好好享受一番。

欲擒故纵

在兵法《三十六计》中，有一计叫"欲擒故纵"，这是一个运用智慧的用兵之术。在同治朝的宫廷斗争中，曾被很灵活地运用过，这就是擒拿、诛杀太监安德海的行动。

大家可能感到奇怪，安德海不就是一个太监吗？诛杀此类，还不容易吗？其实并非如此，因为安德海是慈禧太后的宠监，如果杀了安德海，等于杀了慈禧的威风，这在当时有多难呢。

负责诛杀安德海的丁宝桢最清楚了。事成之后，丁宝桢的幕僚曾经说，杀掉安德海是"不世之业也，其难如平一剧寇，功尤高"。意思是这是一项伟大的事业，它的艰难程度不亚于平定一场农民起义。

丁宝桢杀掉安德海之后，当朝的两位封疆大吏非常佩服他，发出了由衷的感慨。一个是曾国藩，他说："稚璜豪杰士也！"对其大加夸赞；另一个是李鸿章，他对幕僚说："稚璜成名矣。"

所以，诛杀安德海并非一件简单的事情，需要细心筹划，需要使用计谋，怎么办呢？

慈安太后在思索，恭亲王在思索，就连小皇帝载淳也在思索，必须想一个万全之策，才能够万无一失。

最着急的是同治帝，他恨死安德海了，天天想杀掉这个败类。慈安见状，心里着急，她思考着，如何下手，需要同小皇帝商量。慈安对同治帝说："必须找一个妥帖之人，才能办到。"

同治帝一向不关心王宫百官的事，一脸默然。慈安道："汝欲求有肝胆之人，唯山东巡抚丁宝桢。"慈安告诉他，只有丁宝桢可以办成此事，这个人有胆量、有智谋。

可是，如何才能见到丁宝桢呢？慈安说："正好有个机会，山东此次平定捻匪，巡抚丁宝桢立下大功，正好可以趁此机会召他进京，商量这个事情。"看来，慈安经历过"辛酉政变"之后，大有长进，知道与人密谋了。

《近代名人小传》这样记载丁宝桢："始入觐，凡七进见，帝后深褒其忠。"也就是说，丁宝桢7次被召见，与同治帝等商量大事，就是命他相机除掉太监安德海。

计划开始了。

宫里早就传出安德海要出宫，到南方去采办龙衣。大家的反应如何呢？

慈安纵容，不表态。对安德海违制出宫一事，放任自流。

恭亲王纵容，不表态。这要是平时，以恭亲王的个性，早就上折子予以告诫，坚决阻止了。这次没有，他缄默不语。

同治帝纵容，没有说话。当有人问起这件事的时候，小皇帝说："去吧，母后安排好了，听母后的。"可是，他心里却在暗暗较劲儿：等着吧，很快就会有结果。

就这样，麻痹了对方。

慈禧认为她身为垂帘听政的太后，没人反对是正常的，是识时务的，扬扬得意；安德海呢，更是沾沾自喜，暗自庆幸，做他的春秋大梦呢。幻想着，江南的美景、迷人的美食、众星捧月般的场面……

安德海做好了出宫的一切准备工作，陪同人员、侍卫人员、船只、旗帜，以及其他一切用项等物，万事俱备，只欠出发了。

“青鸟”伏诛

安德海这个人要说该死，真是一点儿不假。

他敢于走出紫禁城，走出都门，已经是胆大妄为了。可是，谁都没有想到，这只是冰山一角呢，安德海还有更为胆大的事情。

有一则史料这样记载：“（安德海）自称钦差，身穿龙衣，船上挂有一日形三足乌旗，船旁有龙凤旗帜，并带有前站官、标兵、苏拉、僧人、妻妾、太监、女乐等数十人。”

看看这个胆大妄为的太监，都在什么地方违反了祖制：

一是自称“钦差”。“钦差”不会是太监，清朝向来不会让太监作为钦差出使，这在顺治朝早就定下基调，康熙朝更是加以完备，就是要预防明代太监专权局面的重演。所以，安德海说自己是“钦差”，等于胡说八道。

二是身穿龙衣。这更是胆大妄为到了极点，龙衣就是龙袍，岂能是一个太监敢于穿用的？如果他真的敢于穿用，那真是活腻了。

三是竖起“日形三足乌”旗帜。他敢于张挂这样的旗帜实属胆大，而且张扬至极。

我们先弄清几个概念：

慈安太后在思索
恭亲王在思索
就连
小皇帝载淳
也在思索一个
万全之策
诛杀安德海

李寅语录

作为一代帝王，同治帝对政治是否感兴趣呢？两个标准：他感兴趣的是作为帝王的权力，超乎常人的享乐；而作为帝王应有的兢兢业业的工作状态，忧国忧民的历史责任，他就不那么感兴趣了。

什么是“三足乌”呢？它是中国神话传说中驾驭日车的神鸟，亦称“踆乌”，居于日中，有三足，故名。汉代王充《论衡·说日》：“日中有三足乌，月中有兔、蟾蜍。”

什么是“青鸟”呢？文献记载：“三足乌，青鸟也。”明确说明三足乌就是青鸟。

所以，安德海挂这样一面旗帜，自比为“青鸟”。可是，青鸟与“西王母”是有关系的。“西王母”就是我们平时所说的王母娘娘。

西王母和“青鸟”是什么关系呢？先看一段故事，班固《汉武故事》：“七月七日，上(汉武帝)于承华殿斋正中，忽有一青鸟从西方来，集殿前。上问东方朔，朔曰：‘此西王母欲来也。’有顷，王母至，有两青鸟如乌，侠（夹）侍王母旁。”

这个故事，说明了西王母与青鸟之间的关系，它是西王母的信使，时刻紧紧跟随西王母左右。还有一层意思，青鸟是西王母的“钱袋子”，它负责为西王母觅食。汉代画像砖上常有青鸟居于西王母座旁，成为为其取食之鸟，就是这个意思。

到这里就再明白不过了，这个安德海自比青鸟，他把西太后则比作“西王母”，也就是“王母娘娘”，他负责为西王母觅食、做事情。这不是胆大妄为吗？

四是竖起龙凤旗帜。这就更是胆大了，龙凤旗帜也只有天子出行才可以出现，他真是不要命了。

至于太监娶老婆，如果是当职期间，那是绝对不允许的事情。以上种种违制，丁宝桢完全可以拿办安德海，将其按律正法。

可是，这个安德海非常难办。丁宝桢派人跟踪了三天，最终在泰安抓住了安德海，将其押解到了济南府，交给了丁宝桢。按说，在封疆大吏面前，他应该知道收敛。相反，安德海却狐假虎威，大声咆哮：“我奉太后

旨，谁敢动我？”

丁宝桢有胆有识，他突审了这个太监，最后采取了紧急措施。

一是密奏朝廷。虽说是奏报给朝廷，但他命人先给恭亲王，再转呈慈安和皇帝。有一条，千万不能落入慈禧手中。幸好，慈禧正在看戏，这就抓住了一个大好机会。慈安、同治帝、恭亲王三人异口同声：“杀掉这个该死的奴才。”于是，命令丁宝桢：“不必押解来京，将之就地正法。”就这样，安德海这个“青鸟”稀里糊涂地丧了性命。

二是留条后路。丁宝桢杀了“青鸟”安德海，等于背叛了慈禧太后，以后的命运会怎么样呢？思来想去，他决定暴尸安德海，为慈禧正名。于是，“裸尸暴市，以释人疑”。把安德海暴尸济南街头，证明他确实是一个太监，为慈禧太后的清白做了很好的说明。

果然，慈禧本来对丁宝桢恨之入骨，但一想到他做的这件事，心里多少平缓了许多。

慈安太后却为此承担了责任，慈禧太后事后追问：“这么大的事情，为什么不和我商量呢？”慈安默默无语，反而觉得自己对不起慈禧，心中胆虚。

同治帝倒是非常痛快，他的愿望终于实现了，眼前为之一亮。可是，这件事刺激了慈禧，慈禧对他产生了戒心。人们担心，这对母子之间，还能破镜重圆吗？

死了都要爱

要说慈禧母子之间的矛盾，冰冻三尺，非一日之寒。包括同治帝与安德海之间的矛盾，也是一点点积累起来的。其中，有一件事情最刺激同治帝了。

同治八年，同治帝已经 14 岁了，他对女人产生了兴趣。小太监还鼓动他，与宫女们眉来眼去。

这一年，每年一度的内务府选秀女开始了。同治帝打定主意，找到慈安太后说道：“母后，今年的选秀女我也看看。”慈安没有多想，就同意了。在这儿解释一下，这种选秀女不是给皇帝选后妃，是给后妃们选宫女。所以，这种事与皇帝无关，一般不用皇帝参加选看。不过，有很多好色的皇帝，出于种种考虑，也有跟着看的。所以，慈安允许同治帝参加这个活动并不违制。

在选看的过程中，他一眼就看上了一个小女子，这个女孩子，亭亭玉立，长相可人。同治帝的眼都看直了，一刻都不肯移开。事情也很凑巧，慈安太后把这个漂亮的女子留在了钟翠宫，侍奉她的起居。

同治帝这回高兴了，天天到钟翠宫去，就是想见一见这个宫女。慈安开始不知道，后来慢慢有所觉察，心中一动：这个孩子长大了，是不是该考虑大婚的事情了？

同治帝和钟翠宫宫女的事情很快便传开了，机灵的安德海也知道了。他细心勘察，弄清了一切，便决定在这件事上做文章。

一天，他看见慈禧坐在那里发呆，知道她孤单了，便凑上前去说道：“主子，您想皇上了吧？”慈禧默然。安德海趁机道：“皇上这会儿在东边呢，他呀天天去，那里有勾魂儿的人。”

慈禧一下子来了精神：“谁呀？”安德海这才一五一十地把事情的来龙去脉交代清楚。慈禧一听，额头青筋暴跳：“这还了得，看我不治治他！”于是，她风风火火赶往钟翠宫。

慈安闻听此言，笑了：“看把你急成这样，回来把这个宫女打发了就是了。”慈禧还想说什么，慈安给岔开了。就这样，同治帝喜爱的钟翠宫宫

女被遣送出宫。

当同治帝再来找的时候，宫女早就不见了踪影。他暴跳如雷，放声大哭。但是，一切都晚了。同治帝已经深深爱上了这个宫女，他不能自拔了，他会怎么办呢?

同治帝开始罢课，不上学了，又哭又闹。慈安觉得对不起他，哄他，但都没用。同治帝说:“我就爱她，死了都要爱!”哭得很伤心。当同治帝知道这一切都是生母和安德海搞的鬼时，心里更是增加了一分恨意。

无独有偶，同治帝母子之间的矛盾激化还有一个事件，那就是同治帝“觅母事件”。

这件事是宫里的一个谣言。由于慈禧太后专权，得罪了很多人，便遭到了一些人的嫉恨。于是，有人造谣，说同治帝不是慈禧亲生的，他的亲生母亲被慈禧给害死了。

同治帝一想也是，同是母后，慈安对自己那么好，慈禧对自己却如此刻薄，一定不是他的亲生母亲。于是，他开始调查，开始收集资料，看看亲生母亲到底在哪里。

这件事又被安德海知道了，他跑去密报给主子。慈禧不仅生气，而且伤心，觉得自己很失败，亲生儿子不和自己亲，反而这么叛逆，屡屡背叛自己。

这两个事件，一个“夺爱事件”，一个“觅母事件”，伤透了同治帝的心，也伤透了慈禧的心。他们的关系什么时候能够解冻呢?

大红灯笼高高挂

发生了慈禧母子失和事件，厚道的慈安太后一直于心不忍，总想找个机会缓解一下。

可慈安看出来，慈禧余怒未消，并不想缓和。同治帝也不想缓和。慈安想来想去，决定等等看。

时间一拖再拖，眼看着同治帝一天天大了，大婚的事情也该办了。到同治十一年，他都已经 17 岁了，再不办不行了。慈安下了决心，找到慈禧，也说服了同治帝。慈安操持着，慈禧陪着，总算有了着落。于是，皇宫里面喜气洋洋，大家期盼着大红灯笼高高挂起来，迎接皇帝大婚的到来。

这件大喜事得先从选秀女开始。经过几轮选择，最终有 5 个人被确定为皇帝的后妃候选人，分别是：阿鲁特氏，崇绮之女，生于咸丰四年；富察氏，凤秀之女，生于咸丰九年；阿鲁特氏，赛尚阿之女，生于咸丰七年；赫舍里氏，崇龄之女，生于咸丰六年；西林觉罗氏，罗霖之女，生于咸丰六年。

这 5 个如花的女孩子站在了同治帝的眼前，当然，两宫皇太后也在场，大家都是评委。现在，摆在大家面前最紧要的事情，是从这 5 个人中选出一位中宫皇后。选谁呢？

慈安说道："这事还得由皇帝自己做主，你喜欢谁，就把如意交给谁。"慈禧默然。大家的目光聚集在同治帝身上，看他怎么说。

谁知道，同治帝一出口，满座皆惊："我喜欢阿鲁特氏，崇绮之女，让她做皇后吧。"

为什么呀？慈禧不明白，她表示反对。

慈安说："听听皇帝的理由吧。"

同治帝说出了两个理由：一是崇绮之女年龄大，他喜欢；二是这个女子文化水平高，他喜欢。

原来，同治帝喜欢姐弟恋。他自己不成熟，并且缺少安全感，需要一个大姐姐在身边照顾他。最关键的是，同治帝喜欢阿鲁特氏的才华。据史料记载，阿鲁特氏深谙诗书文画，最奇特的是，她会左手写字，而且是大字。《清宫词》这样记录："蕙质兰心秀并如，花钿回忆定情初。珣瑜颜色能倾国，负却宫中左手书。"说的就是阿鲁特氏。

慈安一听，深表赞许，说道："皇帝真的是长大了，我看可以，我也喜欢这个阿鲁特氏。"说完，她看看了慈禧，希望她改变初衷，支持皇帝。

慈禧坚决反对，这究竟是为什么呢？

慈禧反对的理由很复杂，最主要的是她的心理很复杂。

慈禧对慈安的表态敏感，其中，有一点儿逆反心理。尤其是慈安和儿子居然喜欢同一个人，这么合拍，让她感觉不舒服。难道自己的亲生儿子还要别人做主吗？

此外，慈禧心中有意中人，就是凤秀之女富察氏。慈禧认为结婚的话，女人不能比男人年龄大，这个女孩子年纪比皇帝小。而且，富察氏长相漂亮，是个美人胎子，让人一看就喜欢。此外，这个女孩子非常机灵，不像阿鲁特氏那样，好像一个书呆子。

皇宫里面的大红灯笼已经高高挂起，可是，他们在选后问题上存在严重分歧。这件大喜事究竟何去何从，人们捏着一把汗。

被"吐槽"的女人

这两个女人到底怎么样呢？两宫太后决定考察一下，同治帝也同意。

同治帝想了个办法，向地上泼了一大碗茶叶水，地面上不仅有水，还有茶叶末，他让两个女孩子分别走过来。

阿鲁特氏先走过来，只见她昂首挺胸，目不斜视，庄重走过。而富察氏呢，她提着裙摆走过来，目光一直看着地面，怕弄脏了她的裙子。同治帝一下子心里有了结论。

同治十一年二月初三，敬事房奉旨：“正红旗蒙古侍讲崇绮之女阿鲁特氏为皇后，钦此。”由于同治帝和慈安太后的观点一致，阿鲁特氏如期晋封为中宫皇后。而慈禧喜欢的凤秀之女，不得不屈居人下，被封为“慧妃”。

这下可真是有人欢喜有人愁了。同治帝、慈安太后非常高兴，倒不是这个女人有多优秀让他们高兴，最主要的是同治帝遂了自己的意愿。他早就下决心了，大婚这件事要实现这个目标：“我的地盘我做主。”如今真的实现了，能不高兴吗？

于是，同治帝做好了规划，让皇后打理后宫，自己安心学习，还要皇后帮助自己学习，两个人互相促进。小两口进行了规划，看来，前景一片光明。

可是，慧妃富察氏不高兴了，她对着镜子自嘲：“长得好有什么用啊？人家看不上你。”最主要的是，她对慈禧很失望，心想：都说慈禧太后厉害，看来并不是这样啊。

最难受的是慈禧了，她简直是愤怒至极。这桩大喜事，简直就是她的大悲事。不仅因此失去了自己与儿子的亲情，还丢了面子。自己以后在宫里还有地位吗？别人会不会小瞧自己呢？关键是，王公百官也会因此而推测和质疑的。

慈禧想到这里，她决定先发制人，不能甘心失败。

看来，后宫即将进入多事之秋。

不想撤帘子

同治十一年，同治帝大婚了。作为一个普通人来讲，他已经是一个男子汉了；作为一个帝王来讲，他可以堂堂正正地坐上宝座，无须别人指手画脚了。

慈禧会同意把大权交给他吗？这个视权如命的女人，到这个时候，已经没有任何借口了。她没有退路了，必须把权力交给同治帝。

“该撤帘子了，”慈安对慈禧说，“皇帝长大了，也已经亲政了，之前我们垂帘是不得已，是怕皇权旁落。如今，皇帝都大婚了，是时候了。”她看着慈禧，感觉她的表情很不自在。

时间终于确定下来，在同治十二年的正月二十六日，举行亲政大典，两宫太后撤帘归政。同治帝心中一阵狂喜，终于可以扬眉吐气地做皇帝了。

慈禧心里极不舒服，她百感交集，自己 27 岁守寡，咸丰十一年那场惊心动魄的政变仿佛就在眼前。那是一场殊死搏斗，稍有闪失，就会万劫不复。这些都是为了什么呢？慈禧咬着牙想，都是为了权力呀。肃顺除掉了，权力抓到手了。后来，又发生了她和恭亲王之间的权力之争，面红耳赤，仍然是惊心动魄的，最终她又胜利了。谁都不能动摇她垂帘听政的宝座，她太在意，这是她的生命。如今儿子亲政了，要搬掉她的宝座，她痛不欲生。

慈安释然了。她回顾这前后的 12 年，往事历历在目。本来，慈安是一个木讷之人，言语不多，心计不多，欲望也不多。可是，她被慈禧推着走到了今天，已经意识到自己被利用了。辛酉政变，是自己同意的，杀了那么多宗室，血染禁城，这不是她想看到的；参与恭亲王之间的斗争，也是被裹挟的。所以，她为了洗清自己，也不时发挥一下，同治八年诛杀安德海就是一例，坚持让阿鲁特氏做皇后也是一例。这回，她催促慈禧归政，让皇帝亲政，把权力交回爱新觉罗，让祖制和家法回归，又是她发挥作用的一例。

那些宗室王公更是欢欣鼓舞。皇权已经被异姓掌握了12年，这是爱新觉罗家族的耻辱。恭亲王万万没有想到，太后利用自己的力量发动了政变，获得了垂帘听政的机会后，却把他一脚踢开了，他感到太憋屈和窝囊了。就连慈禧的妹夫醇亲王奕譞也是心有不甘，当听说太后要卷帘归政的时候，他非常高兴，积极配合。

正当大家弹冠相庆的时候，谁都没有想到的事情发生了。慈禧并不甘心，她绞尽脑汁，提出了一个缓冲之计，她要同治帝继续读书。我们看《清实录》中是怎么说的：

又奉懿旨，前因皇帝冲龄，亟宜乘时典学，特简师傅，朝夕辅导，于今十有二年。兹值亲政伊始，仍当不忘古训。况学问事功，互相表里，凡古今治忽之原，政事得失之故，无不可因事监观，引为法戒。列圣文谟武烈，载在圣训，尤应按日恭阅，庶于用人行政，得有遵循；国语清文，亦必勤加练习。皇帝每日办事召见后，仍应诣弘德殿，与诸臣虚衷讨论；李鸿藻、徐桐、林天龄、桂清、广寿，均著照常入值，尽心读贯，用收启沃之功；至肄武习劳，乃我朝家法，骑射等事，皇帝亦须次第兼习。

慈禧的这道懿旨规定了同治帝的基本动作，除了政务之外，还要像之前一样，到教室去学习，做个学生。同治帝看到这个懿旨，叫苦不迭。这还叫亲政吗？皇太后照样可以指手画脚，吆五喝六。

要知道，同治帝是慈禧的儿子，儿子的性格随母亲，他能甘心任人摆布吗？

我的地盘我做主

同治帝是个聪明人，虽然慈禧让他继续到弘德殿读书，但他想：去不去不在我吗？不管三七二十一，我坐上宝座，“我的地盘我做主”。于是，他正襟危坐，发号施令，真像个皇帝的样子，开始处理军国大事了。他都干了什么呢？

一是挂龙旗。

同治帝亲政了，应该张挂黄龙旗，因为按照国际惯例，各国都有自己的国旗。清王朝成立了总理各国事务衙门，张挂黄龙旗是应该的。所以，同治帝亲政这一天，在各口岸的船只上，都纷纷张挂上了黄龙旗。那么，这些首次亮相的黄龙旗是什么样呢？

当时朝廷规定，旗子用三角形，底子用黄色，中间是一条头朝上的行龙图案，这就是大清朝国旗的开端。

二是接见外国公使。

要说同治帝对外国人是抱有成见的，主要原因是咸丰十年的那次逃难，让人印象太深刻了，跟随着母亲颠沛流离；洋人火烧圆明园，父皇死在了承德等。他对洋人既恐惧又憎恨。有史料这样记载：“穆宗以热河之耻，切齿恨洋人，尝命太监制洋人偶像，排列案上，以小刀斫其首曰：‘杀尽洋鬼子，杀尽洋鬼子！’”

可那是小孩子的气话。而现在他开始以元首的身份处理政务了，绝对不能乱说话了。

就在这个时候，外国公使提出来要见他。同治帝慌了，他赶忙召见王公百官，要他们想办法。

这时，朝中出现两种截然不同的观点：一种是以文祥为首的大臣，他们坚持公使觐见的时候必须行跪拜大礼，以维护天朝皇帝的威严；一种是李鸿章为首的大臣，认为应该以大局为重，免行跪拜大礼，以示大度。

其实，关键是这些高傲的洋人不肯对皇帝下跪。早在乾隆年间，英国使节马嘎尔尼拜见乾隆帝的时候，就不行跪拜大礼，何况同治朝呢。

所以，争论没有意义，落后已经挨打的王朝是没有尊严可言的。同治帝被迫同意行免冠五鞠躬礼。

六月初五上午9点，同治帝在紫光阁接见了各国公使。先单独接见了日本外相，接着，集体接见了俄国公使、美国公使、英国公使、法国公使、荷兰公使和德国公使代表，接受了他们递交的国书。

三是指挥抗击外国入侵。

同治帝亲政期间，曾经两度部署抗击外国入侵我国领土的战事。一次是同治十三年，法国侵略军强占越南领土，威胁我国云南省的安全，他立即部署兵力，准备迎战。另一次是抗击日本侵略台湾事件，同治帝调动了各方力量，部署兵力，坚决抗击日本侵略台湾，迫使日本妥协，撤出了侵略台湾的日本军队。

四是镇压回民起义。

同治十二年正月，清军攻陷大理；闰六月，清军又攻陷腾越，云南的回民起义纷纷失败。不过，年轻的同治帝还知道要缓和民族矛盾，采取了轻徭薄赋的政策，以笼络民心。同样，在西北，同治帝指示左宗棠，严厉镇压回民起义。在西宁，在肃州，在驯化，在哈密，清军纷纷传来“捷报”，回民起义被残酷镇压下去。

亲政以来，同治帝正襟危坐在宝座之上，发号施令，指挥一切。他心里爽透了，他要的就是这个感觉。

可是，他总感觉有一双眼睛在盯着自己，盯着他的宝座和他手中的权力。这双眼睛就是生母慈禧太后的眼睛。要如何才能移开母后的视线呢？他必须解决这个难题。

母子“同心”

同治帝和他的母亲慈禧太后从来就不同心。尤其是咸丰帝驾崩之后，慈禧发动政变，登上垂帘听政的宝座后，更是嗜权如命，母子之间时常发生冲突。慈安担忧，朝野上下都在担忧，这对母子，什么时候才能够同心呢？

这回好了，同治帝亲政，慈禧卷帘子走人，大家都很担心，两个人之间不久就会爆发一场战争。可奇怪的是，从宫中传出消息，现在他们母子之间竟然一团和气。为什么呢？

原来，母子在一件大事上观点一致，那就是重修圆明园。这可不简单，圆明园是康熙、雍正、乾隆三代帝王精心打造的皇家园林，不仅耗时前后长达一百余年，就是耗费的钱财，也是无法估量的。可惜，这座“万园之园”在咸丰十年八月被英法联军给烧毁了。这次慈禧、同治帝母子决心要重新修复，他们究竟是怎么想的呢？

首先，这是慈禧最想干的事儿。同治十二年，同治帝亲政，慈禧退居二线了，可她还不到40岁，她不甘心。怎么办呢？她想找个好玩的地方，娱乐一下，以填补内心的空虚。于是，她锁定了圆明园，那地儿可是自己发迹的地方。可是，修园子要花好多钱，劳民伤财，我们看看慈禧是怎么说的。

慈禧可是不客气，她赶在退休之前，把王公大臣召集在一起，说道：“大难既平，吾姊妹辛苦久矣。今距归政不远，欲择日遍召大学士、御前大臣、六部九卿，谕以宏济艰难之道，唯养心殿地太迫窄。”

听了这段话，大家摸不着头脑，慈禧什么意思呢？恭亲王听出来了，她是在给自己找后路，她退休之后，不想去寡妇宫——慈宁宫，她要去一个宏伟的地方养老。

母子在一件大事上
观点一致，
那就是
重建
圆明园

李寅语录

慈安太后非常高兴，倒不是这个女人有多优秀让他们高兴，最主要的是同治帝随了自己的意愿。他早就下决心了，大婚这件事要实现这个目标：『我的地盘我做主。』

大家心里一惊，这个胆大妄为的慈禧究竟要去哪里呢？她可是什么事都敢想、什么事都敢干的人。恭亲王最担心她去一个地儿，那就是乾清宫。乾清宫可是历朝皇帝的寝居之地，也是皇帝的办公之地。果然，慈禧有这个意思。恭亲王吓坏了，赶忙说："太后将来还是到慈宁宫去吧，这符合祖制。"

慈禧听后极为不悦。她思来想去，绝对不去慈宁宫，那去哪里呢？她绞尽脑汁，必须在退休之前找到，不然，退休之后，说什么都晚了。

几天之后，她有答案了，去圆明园，烧毁了不要紧，重新修建。于是，她先说服了慈安太后，告诉她去那里的好处。慈安利在其中，也就同意了。慈禧松了一口气。

但是，慈禧有一个担心，自己就要亲政的儿子会不会反对呢？他可是从来都不和自己一心的。

这回慈禧多虑了，同治帝居然赞成慈禧修园子，而且是举双手赞成。他究竟是怎么想的呢？看看他是怎么说的：

朕念两宫皇太后垂帘听政十一年以来，朝乾夕惕，倍极勤劳，励精以综万几，虚怀以纳舆论。圣德聪明，先被四表，遂致海宇升平之盛世。自本年正月二十六日，朕亲理朝政以来，无日不以感戴慈恩为念。朕尝观养心殿书籍之中，有世宗宪皇帝御制《圆明园四十景诗集》一部。因念及圆明园本为列祖列宗临幸、驻跸听政之地，自御极以来，未奉两宫皇太后在园居住，于心实有未安，日以恢复旧制为念。

这就是同治帝给文武百官下达的谕旨。看起来他真孝顺啊，居然和慈禧想到一块儿去了。这会是他的真实想法吗？他真的心甘情愿花费巨资为母亲修建园子吗？

慈禧蒙了，慈安蒙了，恭亲王蒙了，一时之间，所有人都是一头雾水。

前所未有的积极性

同治帝到底是怎么想的呢？其实，很简单，他的想法就是要把圆明园修好，达到自己的两个目的：

一是自己真正掌权，不受母后牵制。圆明园修建好后，母亲搬到那里去住，就远离了自己，自己不仅可以拿到实权，还没人再约束自己，这是他梦寐以求的事情。

二是体现孝顺。清朝历来“以孝治天下”，同治帝是知道的。母子失和，被母后和天下人耻笑为不孝顺。同治帝也顾虑到了这一层，他想改变这个局面。

重修圆明园能够达到一箭双雕的目的，何乐而不为呢？同治帝决定，自己亲政了一定要大干一场，就从这件事做起。他要亲力亲为，布置修园子事宜。

首先要规划。

到底建什么样，是原样恢复，还是另辟蹊径，还是两者兼顾？他忽然想起一个人来，这人就是雷思起。他最了解，因为雷家是圆明园的设计者，从康熙二十二年开始，雷家就服务于清廷的园林设计，他们设计的图纸称为“样式雷”或“样子雷”。

同治帝命雷思起呈上圆明园所有图档，他这次是认真的，不怕麻烦，不怕纷乱，一点点分析，甚至他还自己设计。这可前所未有，同治帝最不爱学习了，更不用说设计建筑。可是，为了重修圆明园，他豁出去了。

不仅同治帝亲自画图设计，让人惊奇的是，慈禧太后也加入进来。她饶有兴趣地找来图纸，细致分析，并亲自拿起了画笔，一笔笔画了起来。这娘俩儿在这个问题上，真是“母子同心”，不谋而合。

其次是划定范围。

被英法联军烧毁的圆明园建筑很多，全部恢复显然做不到。他决定划定一个修建范围。他找来圆明三园的图纸，细细分析，决定分批进行。先复建三分之二的殿宇，共有三千多间房，分为六大工程。其中，包括两宫皇太后的起居之所、皇帝临朝之所，还有供奉列祖列宗圣容之所。这些建筑必须在同治十二年十二月十六日以前上梁，目的是迎接来年慈禧太后40寿辰。慈禧看到儿子这么孝顺，更加热衷这项工程了。

最后是找钱。

毫无疑问，修园子很费钱，尤其像圆明园这样的皇家大型苑囿，那是要耗费巨资才可以实现的，没有几千万两白银是无法完成的。同治帝要从哪里筹集银两呢？

他知道，这种事找财政部，也就是户部，那是不合适的，毕竟是建休闲的园子啊。于是，他找内务府，要内务府解决，因为这个部门是专门服务皇家的。

内务府大臣一下子咧嘴了：“皇上，这可不是小数目。”为难之情溢于言表。同治帝才不管那一套：“你想办法吧。”这就算是安排了。

谁都知道，内务府的经费来源于户部拨款，每年只有60万两。宫廷主子们花费巨大，往往入不敷出。所以，内务府大臣每年都要向户部要钱，增加开支款项。但是，增加的部分不会太多，有40万两也就足够了。这次修建园子可要几千万两啊，哪里去找呢？

同治帝听了汇报，大发雷霆。心想，天下都是我的，还怕没有银子吗？他找来王公百官，宣布了自己的决定：“即著王公以下，京外大小官员，量力报效捐修。著总管内务府于收捐后，随时请奖，并著该大臣等核实办理，庶可上娱两宫皇太后之圣心，下可尽朕心之微忱也，特谕。”

大家一听都惊呆了，难道仅靠捐款吗？大家能捐多少钱呢？

较量游百川

大家开始捐款了，恭亲王奕䜣先做出表率，带头捐了两万两。他是有想法的，自己一向为慈禧所忌，正好借着这个机会表现一番，以此缓和矛盾。奕䜣觉得，两万两，是一个不小的数字了。

他带头了，别人怎么办？醇亲王奕譞着急了，也得好好表现啊，他要捐多少呢？资料记载：“醇邸自言情况万不能不捐，万不能少捐，此旨若下，拟捐王俸十年，合二万两之数。”他也捐了两万两，相当于亲王十年的工资，这个数和恭亲王一样多。

于是，大家纷纷捐款，最终由内务府统计数据，一共四十万五千两。

同治帝听到这个数据，有些失望，才这点儿钱，远远不够。怎么办呢？

同治帝正着急呢，整天没好气，不想却有两个御史给他裹乱。

一个是御史沈淮。他上书，要求朝廷停止修园子，说这太浪费国帑了。同治帝把他叫来，大加训斥：“你一个文化人，都没学好《大学》吗？不知道什么叫‘孝顺’吗？”沈淮本来就很木讷，这回更说不出话了。

另一个是御史游百川。他也上书同治帝，要求他停园工，干正事。同治帝如法炮制，想狠狠训斥一顿了事。

可是，游百川并非沈淮，他不是那么好对付的。

查阅史料可知，游百川是山东滨州人，同治元年进士，从小家境贫困，但是非常好学，成绩优秀，在家乡非常有名。考中进士后，在京为官，他不畏权势，曾经弹劾过宗室宽和、宽亮，名震京师，同治帝是知道这个御史的。

同治帝看了看游百川，气就不打一处来，他怒声道：“你也有父母，他们想做的事情，你会违抗吗？”同治帝一下子把慈禧太后要修园子的欲望暴露出来了。

游百川并没有惊慌，他想了想，开始侃侃而谈，先是极力夸赞同治帝的孝顺，表示要向皇帝学习。接着，游百川话锋一转，道：“皇上，我倒有个两全其美的办法，让您既表达了孝顺，又不至于为银子的事情发愁。”

同治帝眼睛为之一亮：“你快说，别绕来绕去的。”

游百川道：“不如就近增饰西苑，以为临幸之地，用帑不巨。”

同治帝眉头一皱，一脸迷惑：“西苑？西苑在哪儿？”

游百川大吃一惊，皇帝居然不知道西苑在哪里，难怪说他不好学，今天算是知道了。

游百川告诉了同治帝西苑的位置，同治帝多少感到了一丝尴尬。不过，同治帝并不想就此结束与游百川的谈话，以免失笑于人。怎么办呢？拿住他。

于是，同治帝道：“也好，那你在这儿写个折子，呈给朕来看。”

游百川很为难，道：“皇上，我回去写好，呈给您。”

同治帝道：“不用，就在这儿写。”游百川左顾右盼，拿什么写呀，没有笔怎么写呢？他也不敢说，汗就下来了。

同治帝非常得意，道：“就用朕的御笔写！”

游百川哪敢啊！那可是皇帝的御用之笔，一旦使用，就会犯下僭越大罪，会被杀头的啊。想到这里，游百川连连叩头，大汗淋漓。

同治帝道：“朕命你写，你就写，坐在宝座上写，写完交给我。”

游百川心里叫苦不迭，只有遵命。他战战兢兢地写完，交给了同治帝。同治帝接过来，心想：看你还敢不敢逞能，如果敢说出今天的事，丢我的丑，我随时可以杀掉你。

真是弱爆了

正当同治帝兴致勃勃地主持修建圆明园的时候，出事了。

四川总督吴棠上折子，广东奸商李光昭是个骗子，他没有“珍贵木料”报效朝廷，却侵吞了几十万工程款，并引发了一场洋人官司，被洋人告上了法庭。同治帝一听，叫苦不迭，怎么这么倒霉，他无心核实案件的真伪过程，就下令：“把李光昭给我斩了！”一时之间，心烦意乱。他怕修园子节外生枝，便想偃旗息鼓。

可是，接下来，朝中重臣们纷纷发难，反对他修圆明园。

六月十四日，大学士文祥上书，建议停止圆明园工程。同治帝就开始紧张，担心此风一开，会有很多重臣上书。

真是怕什么来什么。七月十六日，恭亲王奕䜣、醇亲王奕譞等十位王公大臣联名上书《敬陈先烈请皇上及时定志用济艰危折》，内容涉及八大方面：停园工，戒微行，远宦寺，绝小人，警宴朝，开言路，惩夷患，去玩好。同治帝一听联名上书，气就不打一处来，他下达通知：折子不看，人不见。

这既不看折子，又不见人，奕䜣等大臣能干吗？

七月十八日，奕䜣等大臣请求皇帝接见。同治帝一看，不见不行了，便不耐烦地接见了他们。

折子呈上来，同治帝展开来看，刚看了几行，就扔下了，怒道：“我停工如何？尔等尚有何话可说！”同治帝想：你们不就想让我停工吗？大不了我不干了。可是，接下来，意想不到的事情发生了。

恭亲王说：“不止这件事，还有很多呢。”说着，他将奏折的八大内容逐条念完，还从靴子中取出了折子底稿，边讲边解释。这把同治帝气得大怒道：“此位让尔如何？”

同治帝此话一出，震惊四座。当时，就把大学士文祥吓得喘不过气来，只见他趴在地上，眼看就要晕厥过去。

这要出人命了。同治帝赶紧命人把文祥抬出去，同治帝本想借此结束这次会见。可是，没想到恭亲王并不罢休，他跪在地上，接着陈述，而且声音越来越大。

终于陈述完了，同治帝听了半天，最关心的只有一件事，他看着恭亲王道：“这件事你必须给我说清楚！”

什么事呢？就是恭亲王警告他“微行”这件事。“微行”可不是微服私访，而是另有含义的。恭亲王看看了看四周，这么多人，实在张不开嘴，就没有说。会见结束了，大约持续了两个半小时，大家都很累。

关于“微行”一事，同治帝其实是做贼心虚，但还带有点儿侥幸心理，感觉恭亲王不过是听别人的传闻而已，大概不会真知道。但他并没有把握，七月二十七日，便单独召见奕䜣，继续追问“微行”一事到底听谁说的。

恭亲王没有退路了，他一不做，二不休，说道：“这件事是臣子载澂说的。”并说出了“微行”的时间和地点。同治帝一时之间蒙了，心里一团乱，怎么办呢？

七月二十九日，同治帝召见御前大臣、军机大臣、弘德殿师傅。他要干什么呢？他要先发制人，施展威风。

他先责备老师翁同龢：“有人攻击朕，你为什么不说话？”接着，责备御史，包括沈淮、游百川等。接下来，他居然下达了惩处恭亲王的谕旨：革去一切差使，取消恭亲王世袭罔替，降为不入八分辅国公，交宗人府议罪。

这简直是一个震惊朝野的大事件。大家不知所措，恭亲王也不知所措。

再接下来，同治帝宣布："圆明园工程停止，改修西苑三海。"王公大臣非常高兴，三呼万岁。

可是，这次同治帝表现得喜怒无常，近乎癫狂。尤其是对恭亲王的处置，让人不知所措。正当人们头脑发蒙的时候，他又连下两道关于恭亲王的谕旨：当天晚上他下旨："恭亲王诸事跋扈，离间母子，欺朕年幼，奸弊百出，目无君上，天良何在？着革去一切差事，降为庶人，交宗人府严行管束！"第二天，同治帝再下谕旨："着加恩，改为革去亲王世袭罔替，降为郡王。"

同治帝反复无常，王公大臣采取了自己的方式，不奉旨。文祥作为宰相，首先对同治帝的谕旨拒不执行，但是，得有个办法呀。于是，文祥决定向两宫皇太后汇报，要她们主持公正。

慈禧、慈安大惊失色，两位急忙于八月初一赶到弘德殿，紧急召见同治帝。她们要干什么呢？档案记载："两宫垂涕于上，皇上长跪于下。"慈禧边哭边说："十年以来，无恭王何以有今日？皇上少未更事，昨谕着即撤销。"慈禧算是说了一句公道话，因为这个时候，也只有她敢说。

此时的同治帝，真是弱爆了，被人揭露"微行"，让他尴尬万分；下达处分恭亲王的谕旨，大臣竟敢抗旨不遵；两宫太后虽然已经撤帘归政，但还要强行干涉，并当众撤销了他的谕旨。

"我真是弱爆了，"同治帝沮丧至极地问自己，"这个皇帝还要当下去吗？"

第六章 死是容易的

作家史铁生说过这样的话:“死是容易的，活着却是难的。”这句话太有深意了。同治帝的帝王生涯，终结于他 19 岁的时候，无论他是怎么死的，他都是容易的。他随意了政事，放纵了人生，忽视了家庭，然后，他英年早逝了。可是，他死后，太后、皇后以及他的国家将何去何从，就只有天知道了。

你喜欢的，我不爱

同治十一年九月，同治帝大婚。从此，开始了他的婚姻生活。

他思考着:这 5 个女人，皇后最大，比自己大两岁；赫舍里氏和西林觉罗氏与自己同龄，但生日都比自己小；最小的是富察氏，她比自己小三岁；还有一位，就是皇后的姑姑，阿鲁特氏，小自己一岁。也就是说，这 5 个女人中，有 4 个都比自己小，只有皇后比自己大。

同治帝喜欢姐弟恋。大婚后，他就喜欢有事没事向皇后的寝宫里跑。皇后也喜爱同治帝，她觉得这个男人虽然比自己小，但是非常懂事，知道疼爱自己。尤其是皇后的才华，让同治帝爱慕不已，经常逗她说:“你给我写点儿大字呗，用左手。”

久而久之，闲话传出来了：皇帝总在皇后寝宫里，不到其他妃嫔的宫里面去。

慈禧正关注这件事呢。她本来就不痛快，自己喜爱的富察氏没有成为皇后，只能屈居人下，封为慧妃，让她非常没有面子。这回传出了这样的话，她心里更加不舒服。

皇帝和后妃这点事儿向来是微妙的。我们看《甄嬛传》《还珠格格》，知道太后有时候会干涉皇帝和后妃之间的关系的，会把自己的好恶强加给皇帝。那么，慈禧会不会也把自己的好恶强加给同治帝呢？

以慈禧的个性，那是一定的，她绝对会强势干涉的。

慈禧先找皇后碴儿，借故刁难。她了解到，这个儿媳很传统，不喜欢看戏。那好，就让她陪着自己看戏，几天传一次，叫她过来，陪着看大戏。而且，慈禧还故意点那种男女之间的荒诞之戏。她想：我倒要看看你正经到什么程度。皇后叫苦不迭，但有什么办法呢？每当看到那些镜头上演的时候，她只好把脸侧向一边，闭眼不看，充耳不闻。可是，这一切都被慈禧看到了，她暗恨于心。

接着，慈禧找到慧妃。看着这个机灵的小姑娘，她满心喜欢。但是，在竞争皇后的过程中，她失败了。慈禧看着她说："你不要心急，你年龄还小，但我很喜欢。等着瞧吧，将来我不会亏待你的。"慧妃不知道怎么办，慈禧便指导她，要她使尽办法，笼络住皇帝，要他离不开她，只要生了孩子，一切都好办。

可事与愿违，不管慧妃如何做，皇帝就是不去她那里。相反，他只去皇后的寝宫里。慧妃哀叹：落花有意，流水无情啊！

慈禧不干了，她命人传皇帝来见自己，要大施威风了。

同治帝不情愿地跪在了慈禧面前，慈禧道："你为什么总去皇后的宫里面？"同治帝道："人家皇后不错嘛。再说，皇后应该特殊照顾。"

慈禧一下子火了。她大声道："皇后有什么特权？我当时不是皇后，不也和你的父皇有了你吗？"这句话真的是刺痛了慈禧的心。

可慈禧知道，皇后确实有一些特权，比如每年的大年三十、正月初一、初二这三天，皇帝必须到皇后的寝宫里面过夜；皇后的中宫笺奏权，无论什么事情，只要是后宫的事情，皇后都有权干预。所以，自己屡屡受慈安的气。

同治帝低头，一言不发，等着慈禧再训话。慈禧和缓了语气道："你不要一味偏向皇后，慧妃又漂亮，又懂事，你何不多去她那里呢？我很喜欢这个慧妃。"

同治帝挨了一顿训斥，满心不悦，回到寝宫，不知如何是好。太监上来侍奉，问他："皇上，今晚是要皇后侍寝，还是让慧妃侍寝呢？"

同治帝心里烦乱，他喜欢皇后阿鲁特氏，但不能再去了；他不喜欢慧妃，但母亲强迫他去。一时之间，同治帝的脑海里不停地晃动着两个人的影子，皇后和慧妃，在这三角之间，他迷失了方向。

于是，同治帝向太监挥了挥手，又摇了摇头。太监不明白：这是什么意思呢？

外面的世界真精彩

同治帝很苦恼，他跑到慈安太后那里，倾诉自己的不幸。本来，他想拉着皇后一起来，请慈安太后做主，为他们的婚姻主持公道。可是，同治帝转念一想，还是自己去吧，作为男人，自己担当也没什么，何必要把一个无辜的女人卷进来呢？

然而，令同治帝意想不到的事情发生了。慈安太后一言不发，没有对他的想法表示支持。这是为什么呢？当初，慈安太后可是和同治帝一样，支持阿鲁特氏为皇后的，这会儿怎么不支持了呢？

慈安就是这样，关键的时候老掉链子。她胆小怕事，不想因为这件事得罪慈禧太后。也不想过多干涉小夫妻之间的关系，进而伤害了她和慧妃之间的感情。所以，慈安一言不发，患得患失，令同治帝大失所望。

同治帝感到非常无助，他失望极了。在政事上，毫无希望，慈禧太后对权力那么感兴趣，一再推迟皇帝大婚，就是不想交权给他。在婚姻上，慈禧太后又强行干涉。想到这儿他一阵心灰意懒，哪儿都不想去，对政事、婚姻都失去了兴趣。

也就是在这种情况之下，奸人乘虚而入。六根不全的太监、风流滑稽的陪读载澂、别有用心的侍读王庆祺等，都纷纷出来诱惑他，使同治帝走出了紫禁城，来到了大千世界。他都干什么去了呢？他会被人发现吗？要知道，同治帝那可是当时地道的公众人物呢。

为了不被发现，同治帝化装出紫禁城。怎么化装？有人教他，这就是恭亲王之子载澂。

载澂是奕䜣的长子，出生于咸丰八年，比同治帝小两岁。但是，载澂很机灵，慈禧比较喜欢他。为了笼络奕䜣，在同治元年就被晋封为多罗贝勒，同治七年，又命在上书房读书，陪着同治帝，两个人很合得来，有一种相见恨晚的感觉。

通过这些陪读、侍读，同治帝了解到了外面的世界确实很精彩。他了解到了北京的琉璃厂有多繁华，那里有很多好玩的东西；北京的什么地方有酒肆，在那里可以划拳；北京的八大胡同在哪里，那里有很多很多美女等。

但是，如何出宫而去呢？载澂有办法。戴上墨镜，穿上黑衣，像个神雕侠侣一样，同治帝就这样走出了戒备森严的紫禁城。

在历史资料的记载中，同治帝“微行”之事有很多人看见过。

奕谟看见过。奕谟是惠亲王绵愉的儿子，排行第六。他非常聪明上进，被太后看上，在弘德殿陪着同治帝读书学习。有一次，奕谟正走在大街上，一眼就看到了那个化装出城、“微行”民间的同治帝。于是，奕谟赶上前去，“垂涕极谏”。可是，尽管他涕泗交流，苦苦哀求，同治帝只是很礼貌地给他还礼，要他不要管闲事。

毛昶熙看见过。毛昶熙是道光年间进士，做过左都御史、户部尚书、吏部尚书。有一天，同治帝到一个小酒肆，很凑巧，吏部尚书毛昶熙也在。同治帝认识他，毛昶熙很不自在，只是微笑着点点头，便赶紧起身离开了，他惧怕同治帝出现危险，也为了表现一番，便做了一件狗尾续貂的事，他告诉步军统领派了十几个侍卫前来保护圣驾。这群侍卫把小酒肆团团围住，这让同治帝备感尴尬，他抱怨毛昶熙多管闲事。

同治帝“微行”的事已经被悄悄传开了。一传十，十传百，街谈巷议，快满城风雨了。关键是，这件事居然传到了恭亲王的耳朵里，还牵扯到了自己的儿子载澂。这可怎么办呢？

恭亲王奕䜣决定上书警告。当他毫不客气地指出同治帝“微行”一事的时候，同治帝想以势压人，抵赖“公堂”：“你听谁说的？没有的事！”

恭亲王上前一步，大声道：“臣子载澂。”接着，奕䜣说出了同治帝“微行”的时间和地点。这下可真是难以抵赖了。

天花之喜

同治帝的心里还存有侥幸，虽然恭亲王说出了真相，但谁敢批评皇帝呢？大家只是窃窃私语而已。

戴上墨镜，
穿上黑衣，
像个神雕侠侣
一样，
他就这样，
走出了戒备森严的
紫禁城

李寅语录

同治帝的帝王生涯，终结于他 19 岁的时候，无论他是怎么死的，他都是容易的。他随意了政事，放纵了人生，忽视了家庭，然后，他英年早逝了。可是，他死后，太后、皇后以及他的国家将何去何从，就只有天知道了。

可是，纸是包不住火的。同治十三年十月三十日下午，同治帝突然感到了不适，浑身瘙痒，下体有一种灼痛感。对于同治帝来说，他还不到20岁，经验少，根本不知道其中的利害关系。于是，立即传旨，要御医前来会诊。这天值班的御医是李德立和庄守和。两位赶忙前往，给同治帝会诊。

李德立先诊，他摸着皇帝的脉搏，不时看一眼皇帝的面部，一言不发地跪在了一旁。同治帝要他说明病因，李德立看了看庄守和道："还请庄大夫诊完，再讨论。"于是，庄守和又重新诊了一遍。

同治帝很着急，到底是什么病呢？他最担心的就是天花，一旦染上，那可是要过鬼门关的。至于别的什么，他根本没有多想。

两位御医互相看了一眼，各自心中其实有所领悟，但谁敢于说什么呢？最后决定先退出去，再做定论。

他们是御医，最有发言权，要谁来定论呢？这人就是慈禧，因为只有她才敢说是什么病。关于其中情节，资料中这样记载："传太医院治之，太医院一见大惊，知为淫毒，而不敢言，反请命慈禧是何病症。慈禧传旨曰：'恐天花耳。'"

这些狡猾的御医，本来知道什么病，但碍于忌讳，却不敢说。直到慈禧说出了谜底，两位才松了一口气。

要说梅毒和天花，早期的发病症状，确实有相同之处。发烧、起疹子、头眩、胸闷、身体酸软等。同治帝听到御医的结论，感到空前的紧张，他在想，但愿上苍保佑，能够顺利过关。据他所知，天花病症最多不过20天，就可以闯过去了。

皇帝出天花了！这个病情一旦被慈禧确认，就立刻传播开来。朝野上下一时之间都知道了，大家都很紧张，早年顺治帝出天花丧命的情景再次弥漫着紫禁城。人们在想：这个青年皇帝能够挺过去吗？

那个时候，人们迷信。他们一面给同治帝治疗，一面采取了非常规的做法。干什么呢？慈禧下令：庆祝皇帝有“天花之喜”。

这可真是新鲜事，出天花还要庆祝。怎么庆祝呢？先去供奉“痘疹娘娘”，请她保佑皇帝顺利过关。这个“痘疹娘娘”来源于一个故事。《封神演义》记载，姜子牙封赏功臣，因为余化龙功大，便封他为“主痘碧霞元君”，并封他的原配金氏为“痘疹娘娘”，他们可以左右人间出痘之人的生死。所以，要大肆供奉，祈求同治帝能够顺利过关。

另外，下令满朝文武大臣穿上绚丽的花衣，还要在每个人的胸前悬挂红色的绸子，人们互相看着对方的打扮，感到新奇，真有进入另外一个世界的奇特感。而大臣们上折子的时候，还特别规定，折子的表面用黄色，而里面的折子则必须用红色底子。

至于对两宫皇太后，人们则要纷纷递如意，像过节一样，表示祝贺。慈禧还特地把心腹荣禄找来，给他加官晋封：“皇帝天花之喜，荣禄着赏加太子少保衔，并赏戴双眼花翎。”

这通折腾，让同治帝和两宫太后都很满足，觉得这个天花很快就会过去，同治帝康复在即了。

竟然不是天花

同治帝的这病，没他想的那么简单。看来，得先安排一下了。最主要的是王公大臣的奏折，每天堆积如山，必须尽快找人代为阅看。找谁呢？病中的同治帝急速思考着。

最终，他选中了李鸿藻。同治帝最信任的人就是李鸿藻，因为他小的时候就和李师傅学习，在一起久了，关系也就密切了。还有一个关键，就是李鸿藻很正直，号称“清流派”的领袖。同时，李鸿藻也深得慈禧信赖，当年，李鸿藻母亲病故，按照规定要丁忧3年，就是守孝3年。但慈禧不让，要他过百日就回来，因为他是同治帝的老师。可见，慈禧多么信任他。

李鸿藻被紧急约见，他看着躺在病床上的皇帝很心疼，询问再三。同治帝道：“今天找你来，是有要事相商。”李鸿藻跪地静听，他猜不透皇帝要他做什么。

同治帝道：“最近我恐怕看折子很困难，这个病怕风，那些奏折就由你来代为阅读。”李鸿藻吓了一跳，清朝向来没有汉人被授予如此重任的。他想力辞，汗都下来了。

同治帝打消他的顾虑，道：“你不必担忧，我会下旨，让大家明白。还有，就是满文的奏折要由谁来看呢？”

李鸿藻答道：“这个还是请恭亲王来议吧，他会给皇上推荐合适的人选。”同治帝同意他的说法，但是，同治帝坚持让李鸿藻批阅汉文奏折，并不准再推辞。

过了5天，恭亲王才被同意进宫，觐见皇帝。同治帝一直对他耿耿于怀，尤其是他揭露他微服私访的事情，所以不想见他。可是，再不见不行了，他作为领班军机，在这个时候怎么能不见呢？

同治帝看了一眼恭亲王，请他站起来，走近一些，好说话。也是，同治帝此时说话很费力。恭亲王走近同治帝，细细观看他的病情，心中立刻产生了疑团，他问道：“皇上觉得太医诊断得准确吗？”同治帝反问道：“应该没错吧，症状就是天花啊。”忽然，同治帝明白了什么，他怒目注视着恭亲王，恭亲王并不示弱：“皇上息怒，我是感觉蹊跷。”同治帝很快平息了心情道：“我今天不是和你争论的，是要告诉你从今天开始，满文的奏折就由你来批阅，你不要辜负了我。”

谈话不欢而散。恭亲王心中的谜团越来越大，他怀疑御医是误诊了，这不是天花，倒像是梅毒，尤其是前一段时间，同治一直在外野游，还去那种下三滥的八大胡同。而同治帝也猛然惊醒，恭亲王的话虽然逆耳，但不无道理，自己的身体自己是了解的。同治帝赶忙传李德立和庄守和来见。

两位御医跪在地上，同治帝道："你们看，用药也已经好几天了，怎么不见好转呢？"

御医答："皇上莫急，需要一段时间才见到效果。"同治帝大怒。这在资料中留下了记载："不效，帝躁怒，骂曰：'我非患天花，何得以天花治？'太医奏曰：'太后命也。'"同治帝一听，这还有什么话说，原来是母后在操纵着一切。他挣扎着起来，一定要母后对症下药，否则后果不堪设想。

同治帝派人去禀报慈禧，要求见母后并更正治疗方案。慈禧端坐在宝座之上，听着御医的陈述，陷入了深思之中。

我要批奏折

同治帝也意识到御医一定是误诊了，没有对症下药，病情自然不会减轻。于是，他派人火速赶往太后寝宫，要太后迅速更正治疗方案。

慈禧倒是很沉着，她不想在这个时候说话，因为她对同治帝太失望了。她抱怨道：你病了，看不了奏折，不把大权交给我，反而交给了两个外人，着实可恶。这个时候，慈禧不仅不着急，反而心生怨恨。

十一月初八，慈禧约好了慈安，到同治帝病房看望。看完之后，慈禧下达了懿旨：就在这里召见军机大臣和御前大臣，商量大事。

慈安很纳闷儿，有什么事情要在这里商量呢？奕䜣和李鸿藻也很吃惊，因为这里是皇帝的病房，出天花这种病最忌讳见风了，最好是安心静养。太后要在这里召见百官，那不惊扰了皇帝吗？这对养病是极为不利的呀。

果然，慈禧太后带领大臣们来到病床前，命人把蜡烛移到近前，察看同治帝的病情。同治帝正在闭目养神，突然来这么多人，迷迷糊糊问道："谁来此？"大臣们说是来看望皇帝，同治帝便把袖子撩起来，让大家看，身上已经是颗粒满身了。众人心中非常沉重，安慰了皇帝几句话，便退了出来。

大家不敢散去，都在外面等待消息。一会儿，慈禧进来了。大家谁都没想到，她居然说了这么一段话："数日来，圣心焦虑，论及奏折等事，裁决披览，上既未能躬亲，尔等当思办法。"

恭亲王和李鸿藻一惊，尤其是恭亲王，真想站起来驳斥她，想什么办法啊？皇帝交代过了，汉文奏折由李鸿藻批阅，满文奏折由恭亲王批阅。怎么还要讨论呢？而且是在皇帝病房讨论，也不怕惊扰了皇帝吗？

慈禧不怕，她目不转睛地看着大家，要大家表态。大臣们明白了一切，她是要夺权啊。于是，就有人奏言："拟请两宫皇太后权时训谕，俾有遵循。"慈禧这才舒了一口气，说："对了，你们下去拟折子吧。"王公大臣们这才退出来，准备拟折子上奏太后，请两位太后出来主持朝政。

过了一会儿，慈禧、慈安又在西暖阁召见百官，道："这件事关系重大，你们应该先奏明皇上，不要直接向我们俩请示。"

人们这才明白，慈禧是怕这件事传出去不好，本来已经撤帘归政了，这会儿又要垂帘听政，只有皇帝亲自授权才可以。但是，大臣们知道，这个时候怎么能打搅皇帝呢？他正在静养身体，一旦见人着风，病情加重，非同小可。

可是，慈禧的命令谁敢违抗呢？大家决定第二天再向皇帝请示，今天实在不能再打搅了。这样，反复再三，慈禧才允许大家回家休息。

第二天，也就是十一月初九，王公百官奉慈禧之命，早早来到紫禁城。慈禧居然又在同治帝病房召见了大家。按理，这真的不应该，这种病最怕着风见人，应该静养。可是，慈禧抢权着急，顾不了那么多了。她要大家向同治帝奏明由皇太后垂帘听政的事情。

同治帝头都大了，他想让母后更改治疗方案，她不仅不予理睬，反而要抢班夺权，世上哪有这样的母亲呢？但他只有着急的份儿，一切大事均操纵在母后手里。于是，他不得不下旨："天下事不可一日稍懈，拟求太后代阅折报，一切折件，俟百日之喜，余即照常好生办事。"

就这样，慈禧经过周密部署，破坏了同治帝的方案，轻松完成了夺权斗争，再次粉墨登场，垂帘听政。

"冲喜"失败

关于同治帝的病情，现在有一种说法是，经过御医们的努力，同治帝的病本来已经有所减轻了，宫里宫外，大家非常高兴，觉得大有希望了。

按照脉案记载，"十一月十五日，脉息滑缓，发热头眩俱退"；"十一月二十日，痘痂渐落，发热咳嗽俱减"；"十一月二十三日，头背臂膝各处痘痈渐轻，痘痂俱落"……看来，同治帝的病情得到了一定的控制。虽然不一定马上就好，但是经过努力，病情还是向好的方面发展的。

那么，后来他病情突然转重，到底是什么原因呢？这里有一种说法。《满清外史》记载："一日，忽欲往凤秀女宫中，以语阿鲁特氏，阿鲁特氏不可，载淳固求之，至长跪不起。阿鲁特氏不得已，乃钤玺传谕，载淳始欣然往。次晨，遽变症，召御医入视疾，病已不可为矣，阿鲁特氏颇自悔。”

这段记载，说的就是同治帝病情好转后，好色的本性复发，便请阿鲁特氏允许他去慧妃宫里面，结果造成了病情加剧。

需要解释一下，皇帝要临幸妃嫔是否需要皇后的同意呢？按理在两可之间。皇帝可以翻“膳牌”，自行决定。但是，皇后也有“中宫笺奏”大权，对后宫事务有绝对的权威，可以干预。

就同治帝而言，他在重病期间必须禁欲，御医也会叮嘱。当年乾隆皇帝身上长疖子，御医叮嘱需要100天才可以康复，在此期间需要禁欲。但是，孝贤皇后怕乾隆皇帝控制不住自己，便搬到乾隆帝的寝宫外面看着他，直到他痊愈才撤离。

同治帝也是一样，不管得的是天花还是梅毒，发病期间都必须禁欲，御医一定会告诫。按照惯例，皇后一定会侍奉在旁，看着他。所以，上面这个记载有一定的可能性。

那么，同治帝为什么突然想起慧妃了呢？

因为慧妃正走运，她鸿运当头，按照传统的说法，同治帝如果与鸿运当头的人结合，就会去掉晦气，对他的康复是有利的。所以，同治帝想起了这个慧妃，想让她冲冲晦气。

慧妃走什么运呢？

源于慈禧的册封。本来，由于慈禧喜欢慧妃，同治帝产生逆反心理，便讨厌慧妃，他从来不去慧妃寝宫。可是，慈禧强加干预，她一面强迫同治帝去慧妃寝宫，一面对慧妃进行鼓励，并向她承诺，一旦怀孕生子，就废掉当今皇后册立她为皇后。可是，皇帝总也不来，她怎么能怀孕呢？

慧妃本来很沮丧，觉得慈禧当年的承诺是无法实现了，自己屈居人下的现实也无法改变了。可是，让她意想不到的事情发生了。

她的好运来了。同治十三年十月三十日，同治帝得了病。到十一月初，慈禧下令宫里要供奉痘疹娘娘，并要给皇帝冲喜。怎么冲喜呢？慈禧说选中一个妃子，晋封位号，就算冲喜了。

最终，自然是选中了慧妃，她被晋封为皇贵妃。这是少有的殊荣，按理是不能这样晋封的。清宫规定，有皇后在，一般不封皇贵妃，以免引起皇后的不满，因为皇贵妃与皇后只有一级之差，会对皇后造成心理压力。

我们看《还珠格格》，其中的令妃被晋封为皇贵妃，引起皇后的不满，以剪发示威。前车之鉴，慈禧全然不顾，她堂而皇之地晋封慧妃为皇贵妃。

所以，同治帝此时想起了慧妃，他要到那里去沾沾喜气，冲冲晦气。阿鲁特氏很厚道，她叮嘱了一番，便同意同治帝去慧妃那里“冲喜”。

其实，所谓“冲喜”，完全是迷信的说法。结果，同治帝不仅没有“冲喜”，反而加重了病情，这个慧妃，也真是“红颜祸水”。

交代接班人

皇后阿鲁特氏怎么也没有想到，同治帝的病情会迅速恶化，而且病势凶猛。查中国第一历史档案馆藏的同治帝的“脉案”可知，到十二月初四，同治帝已经是非常危险了：“皇上脉息弦数无力，上唇肿木，腮紫肿硬处敷药，屡揭伤皮，不能作脓，时流血水；牙龈黑臭，势恐口疳穿腮，毒热内扰；减食少寐，理必耗伤气血。”

从这一天的“脉案”可以看出，同治帝已经是病入膏肓、无药可救，只是时间问题了。

然而，在这种情况之下，同治帝对自己的身体却有一个清醒的认识，虽然他糊涂了十几年。关键时刻，这个年轻的皇帝还真是不掉链子，他想起了一件天大的事情，这个时候必须做了。

他看着侍奉在一旁的皇后阿鲁特氏，觉得有无限的愧疚，她正在耐心地揩拭着他伤口处流出的脓血，气味难闻。不要说伤口处的气味，就连同治帝嘴里面的气味，也是臭得很。可是，皇后全然不顾，耐心地、小心地为他揩拭。

“真是一个贤妻良母，真有国母之风。”同治帝想。可是，这一切都晚了，他自知行将不久于人世，之前怎么就不知道珍惜呢？想着想着，眼泪就下来了。

皇后察觉到了这个变化，慌忙道：“皇上勿悲，此时有什么紧要话，赶紧吩咐吧。”同治帝这才恍然大悟道：“对，赶紧传李鸿藻觐见。”

他要干什么呢？李鸿藻被通知在外面等候召见，当他进来的时候，皇后慌忙站起来，要回避。那个时代，后宫的女眷是不见外臣的。

而同治帝忙制止道：“皇后不用回避，李师傅是先帝老臣，你是门生媳妇，一会儿的事情需要你见证。”

李鸿藻慌忙跪下，拜见重病中的同治帝。他抬眼看去，不禁老泪纵横，一直健康活泼的皇帝怎么就这样了，他哭，皇后也跟着哭。

还是同治帝清醒，他道：“现在是什么时候了，你们不要只顾哭，会耽误了大事的。”于是，同治帝开始立遗嘱，印鸾章的《清鉴》这样记录：

诏军机大臣李鸿藻入见，口授遗诏，令鸿藻书之。谓国赖长君，当令贝勒载澍入承大统，凡千余言。鸿藻奉诏驰赴储秀宫中，请急对，出袖中诏书以进，西太后大怒，碎其诏，叱鸿藻出宫。

还有其他一些史料也有类似的记载。

从这则史料我们看出，同治帝临终之际，遗嘱交代了接班人，那就是载澍。载澍是谁呢？查阅史料，他出生于同治九年，父亲是奕瞻，至今才5岁。不过，当时他不叫载澍，而是叫载楫，载澍这个名字还是到光绪四年奉旨更改过来的。

同治帝选立载澍为接班人，事先与皇后商量过，皇后道："这件事听皇上的，请皇上选立成年人即位，我不愿意做垂帘听政的误国之人。"同治帝听后笑了："这样最好，谢谢你了。"

这样，同治帝才选立了载澍为接班人。可是，载澍并非"长君"，他也只有5岁，还未成年。

按说，同治帝的这番交代已经很周到了，他去世之后，就应是载澍即位。可是，事情发生了逆转，接下来发生的事情，让所有人都大惊失色。

逆天了

这件事情的发生，可谓清朝宫廷史上最"逆天"的举动了。

先是李鸿藻逆天。

按照《清鉴》的记载，李鸿藻奉命承写了同治帝的遗诏之后，同治帝心疼老师，要他出去休息休息，并且说，明天可能还有见面的机会。言外之意，如果今天夜里皇帝崩逝，李鸿藻手里的遗诏就要公之于众，载澍就要即位成为下一任天子。

可是，李鸿藻背叛了同治帝，他出来之后，马不停蹄地奔往慈禧处所，急急忙忙把遗诏交给了慈禧。李鸿藻此举，实乃地道的逆天之举，应该遭到良心上的谴责。他的胆小、他的背叛，会改写大清历史的。

接着是慈禧逆天。

慈禧接到李鸿藻的遗诏后，细细观瞧，这自然是她最关心的事情了。在慈禧的心目中，儿子身体的好坏并不重要，儿子去世之后，谁来接班，这才是最关键的事情。当她看到同治帝安排载澍接班，自己垂帘无望的时候，岂能善罢甘休？根据资料记载，说她“立碎其纸”，其愤怒之状可想而知。

以慈禧的个性，她看到自己的儿子如此忤逆，定会有非凡之举。

果然，慈禧飞速赶往同治帝的病房，上演了一幕幕暴力“话剧”。

她殴打了皇后。当慈禧赶到同治帝病房的时候，她并没有马上进去，而是先在门外窥视，就在此时，她听到同治帝说：“你先忍耐些，将来总有出头之日。”慈禧一听便奋力冲入，大施淫威。

关于慈禧进入之后发生的事，有两种说法。

一种是说慈禧看到皇后手中有同治帝交给的遗诏，便向其索要，皇后不敢不给，慈禧接过来一看，立即大怒道：“尔竟敢如此大胆！”于是，把遗诏给焚毁了。

这里需要解释一下，此时皇后手中的遗诏，当与李鸿藻手中的遗诏不同，李鸿藻的遗诏是关于接班人的内容；而皇后手中的遗诏，应该是关于皇后日后的安排问题。因为同治帝知道，自己一旦去世，霸道的慈禧太后定会迁怒于皇后，到那个时候，谁都指望不上，只有自己写好遗嘱，设法保护皇后的安全才是万全之策。

另一种是说这个时候的慈禧居然采取了极为逆天的举动，她要干什么呢？

一是惩治皇后。关于惩治皇后，历史上还有两个版本：一种是慈禧动手殴打：“顺手批其颊无数，慈禧手戴金指甲，致后面血痕缕缕。”慈禧像个泼妇一样，竟然用手扇皇后的脸，她被慈禧的金指甲划伤，血痕累累。

还有一种说法，慈禧下令传杖。“传杖”就是电视连续剧《甄嬛传》

中所说的“一丈红”，用大木杖暴打皇后，这是严重违背大清家法的行为。不过，因为当时同治帝吓晕过去，而未能实施。

二是慈禧居然惩治自己的亲生儿子，致使同治帝崩逝。

关于同治帝之死，中国第一历史档案馆所藏“脉案”这样记载：“十二月初五日酉刻，皇上六脉已绝，灌生脉饮，不能下咽，元气脱败，于酉时崩逝。”这是官方的记载，同治帝在这一天升天了。

可是，同治帝如何这么快就崩逝了呢？有资料记载，这完全是慈禧所为：“命尽断医药饮膳，不许入乾清宫，移时穆宗崩耗闻于外矣。”

慈禧也真是太逆天了，虎毒尚且不食其子，何况是人呢？慈禧不顾母子亲情，竟然在这个关键时刻断了儿子的医药和食品，最终把亲子送上了不归路。

同治帝死了，他年仅 19 岁，是清朝所有帝王中活得最短的皇帝。我们回顾一下清朝帝王，看看他们都活了多大年纪：努尔哈赤死于天命十一年，终年 69 岁；皇太极死于崇德八年，终年 52 岁；顺治帝死于顺治十八年，年仅 24 岁；康熙帝死于康熙六十一年，终年 69 岁；雍正帝死于雍正十三年，终年 58 岁；乾隆帝死于嘉庆四年，终年 89 岁；嘉庆帝死于嘉庆二十五年，终年 62 岁；道光帝死于道光三十年，终年 69 岁；咸丰帝死于咸丰十一年，年仅 31 岁；光绪帝死于光绪三十四年，年仅 38 岁；宣统帝死于 1967 年，享年 62 岁。这样看来，只有这个同治帝享年最小，只有 19 岁。

居然选个小孩即位

皇帝死了，皇后悲恸欲绝，但她的头脑还是很清醒的，她在焦急地等

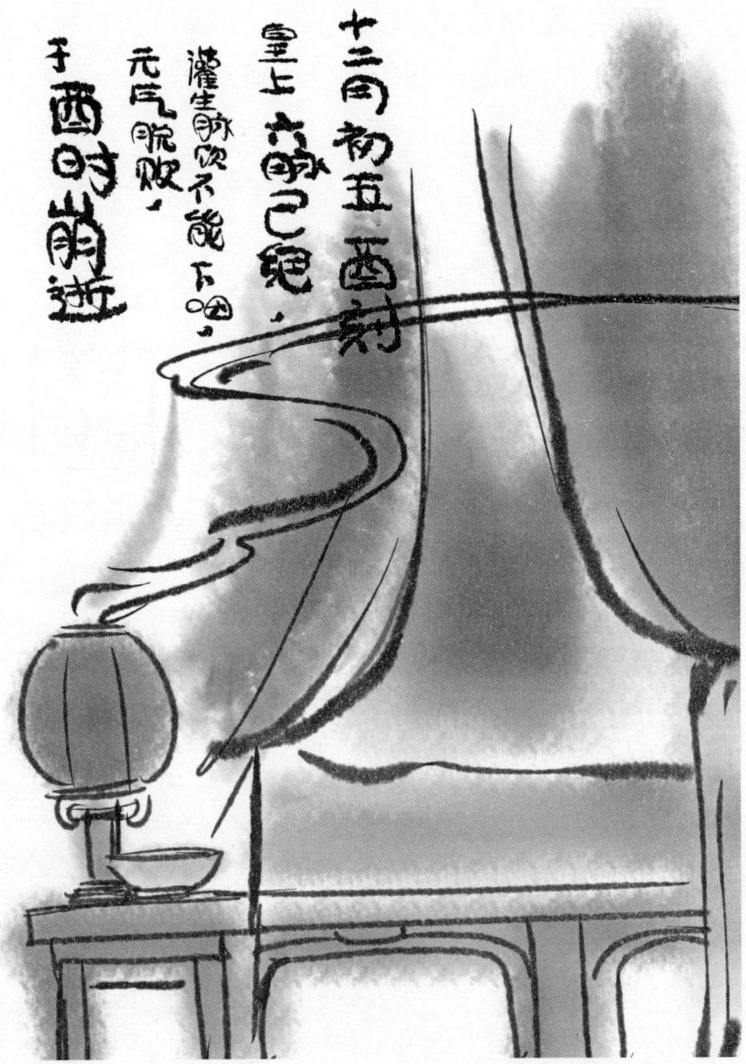
十二月初五酉刻
皇上六脉已绝，
灌生脉饮不能下咽，
元气脱败，
于酉时崩逝

李寅语录

皇帝死了，皇后悲恸欲绝，但她的头脑还是很清醒的，她在焦急地等待着。等什么呢？等着由谁来接班，因为同治帝的遗诏被慈禧撕毁了，所以谁来接班还是未知数。

待着。等什么呢？等着由谁来接班，因为同治帝的遗诏被慈禧撕毁了，所以谁来接班还是未知数。

天已经昏黑了，养心殿里仍然是灯火辉煌，同治帝的遗体被装进了棺椁之中，两宫太后在西暖阁中商量着更大的事情。俗话说，国不可一日无君，她们在商量着接班人的人选。

慈禧太后先传荣禄，命令他赶紧下通知，叫宗室王公、御前大臣、军机大臣、弘德殿行走、内务府大臣等，共29人前来议事。

大家都进去了，只有一个人滞留在外，这人就是奕䜣。他为什么不进去呢？《清末贵族之明争暗斗》中记载，恭亲王对传旨的人说："我要回避，不能上去。"大家都很奇怪。

原来，同治帝临终之际，还曾产生过传位于恭亲王的想法。这让慈禧太后极为不安。如果真要传位于他，那太后垂帘这件事是不用想了。

关于这件事，还有一种说法，慈禧对大家说："天下不可无君，孰为宜？"然后，慈禧看了看跪在地上的奕䜣，说你来即位吧。奕䜣当然知道慈禧在想什么，一定是最怕他答应，《异辞录》记载："恭邸悲痛绝于地"，只是悲痛而已，没说拒绝，也没说接受。而慈禧马上转向奕譞，说："恭王不愿意，那就由奕譞之子入嗣。"奕譞之子名叫载湉，年仅4岁。

慈禧真是太逆天了，居然选中一个小孩子即位。朝野内外唏嘘一片，为什么呢？

第一，违背了大行皇帝的遗愿。同治帝反复强调"国赖长君"，就是要把皇位传给年长的人，免得太后垂帘听政，违背大清家法；同时，这也符合国家的利益，动乱之际，需要成人即位，乾纲独断。可是，载湉年仅4岁，他怎么能够力挽狂澜呢？

第二，违背了大清传位家法。大清家法从皇太极时期就规定要父传子，子承父业，一直以来都是如此。可是，如果载湉即位，由于他和同治帝是平辈，都是“载”字辈，那就是兄传弟了。

逆天的慈禧做出了如此的决定，她会怎么解释呢？

《翁同龢日记》中真实记录了慈禧的表演，她说：

文宗无次子，今遭此变，若承嗣年长者实不愿，须幼者，乃可教育。现在一语即定，永无更移，我二人同一心，汝等敬听。

于是宣告了载湉即位的决定。

慈禧的这段话太露骨，直接说出了自己的想法，就是要小孩子即位，目的是垂帘听政。

这时的慈禧40岁，政治手段已经历练得很成熟了。她之所以敢于明目张胆，就是看到了朝臣的软弱，皇室衰微，没有谁敢于与之抗衡，否则，她的提议一定不会通过。

可怜的阿鲁特氏，等来的居然是这个消息，她伏在同治帝巨大的棺材旁边，号啕大哭，哭声撼动天地。这个时候，在养心殿西暖阁，两宫太后宣布完载湉即位的命令后，想起了刚刚去世的同治帝，便也痛哭起来，于是，大家也跟着号哭。这声音连成一片，就连躺在棺材里面的同治帝都“听”到了。

大秀肌肉

现在的阿鲁特氏感觉非常迷惘，载湉即位了，这对于阿鲁特氏来讲是一个巨大的挑战。他是自己的小叔子，小叔子即位，自己在宫中如何立足呢？俗话说：“寡妇门前是非多”，自己将来的地位多么尴尬啊！

她现在才认识到自己的无助。其实，按照当时进宫时候的气势，慈安是完全可以说话的。因为是慈安同意她做中宫皇后的，她从大清门堂堂正正地进入紫禁城，成为中宫皇后。可是，此时的慈安太后，太令人失望了，她不仅没有制止慈禧的做法，反而同慈禧一道接见王公大臣，让载湉即位。阿鲁特氏委屈极了，但她无处申诉。

这个时候，霸道的慈禧太后并没有善罢甘休，她想起了当年败在慈安手下的屈辱，抑或是十几年来，这个不听话的儿媳妇让自己在宫中颜面扫地的种种。今天好了，她要好好抓住这个机会，大秀肌肉。

第一，在阿鲁特氏的徽号上做文章。

一般来讲，皇帝丈夫去世，活下来的中宫皇后要晋封为皇太后，嗣皇帝要孝心侍候，因为皇太后在朝中是至高无上的。顺治的生母孝庄，康熙的生母孝康，雍正的生母孝恭，乾隆的生母孝圣，道光的养母孝和，同治的两位母亲慈安和慈禧都是如此。只有她不一样，随着新皇帝即位，慈禧下达了对阿鲁特氏的册封命令，她被册封为“嘉顺皇后”。

阿鲁特氏接到这样的册封，泪流满面。她没有资格成为皇太后，而是继续做“皇后”。可是，皇帝已死，自己是谁的皇后呢？慈禧给了一个封号，叫“嘉顺皇后”。就是要你今后要顺从，只有顺从，才有出路。

第二，慈禧不给同治帝选址建陵。

大清家法规定，皇帝即位，就应该派出风水先生，选择万年吉地，修建陵寝，以防不测事件发生。其实，那个时代还有一层意思，修建好了陵寝，可以稳定人心，表明皇朝统治是有根基的，因为“万年吉地”的好风水，就是保佑江山万代的。

可是，同治帝即位已经13年了，两宫太后都没有提这件事情。同治帝活着的时候，阿鲁特氏就很着急，当她看到同治帝没事儿人一样的时候，还提醒过。可是，没有人理会。同治十三年十二月初五，同治帝不幸病逝，可悲的是他连吉地都还没有选择，更不用说建陵了。

一点儿也不错，同治帝简直是窝囊透了，大权被太后霸占，死后还无处下葬。哪有这样的皇帝啊？阿鲁特氏感觉无比悲伤。

此时慈禧在忙什么呢？她在忙着选接班人，选完接班人之后，还要策划垂帘听政，太忙了，哪有时间考虑儿子的身后事！

同治帝去世10天了，到十二月十五日，慈禧想起了儿子的陵寝大事，才下达为其选择风水的懿旨，阿鲁特氏一颗悬着的心总算落了地。可是，接下来，在陵寝规制上，慈禧再次向阿鲁特氏大秀肌肉，一下子把她推进了死胡同。

雾里看花

同治帝的陵寝被选在了东陵。这本身违背了大清家法，清朝家法规定，要父子分葬，这是当年乾隆帝做出的决定。

清朝入关后，产生了两大陵区，一个在北京以东，称为“东陵”，以顺治帝孝陵为中心；一个在北京以西，称为“西陵”，以雍正帝泰陵为中心。可是，清朝的皇帝是埋在东陵，还是埋在西陵呢？大家都很迷茫。

嘉庆即位，太上皇乾隆帝思考了这个问题。他决定确立一个父子分葬的制度，就是父亲葬在东陵，儿子必须葬在西陵，这样，避免了因子随父葬而荒芜了任何一处陵区。清朝的皇帝们都遵循这个制度，父子分葬东西陵。

可是，慈禧不管这一套，她要干什么呢？难道她是舍不得自己的儿子吗？

开始，慈禧派出了堪舆大臣，到东西陵看风水，最终消息报上来了，西陵选中了一处，叫九龙峪；东陵选中了一处，叫双山峪。按说，同治帝的父皇咸丰帝葬在东陵，他就必须在西陵内寻找吉地了，也就是说，应该葬在九龙峪。

这一天，恭亲王、醇亲王等王公大臣来到养心殿，请示两宫太后，究竟把同治帝陵寝安排在哪里。大家委托恭亲王进去说话。

恭亲王一进来，就看到了一个悲痛的场面：慈禧、慈安正在那里哭呢。哭什么呢？哭她们的儿子同治帝呢。

恭亲王赶忙跪下道：“请示太后，在东西陵分别找到了万年吉地，请太后定夺。”

慈禧看了一眼慈安，又哭了，道：“皇帝命可真苦，才 19 岁。”哭得让人心都碎了。

恭亲王也哭了，他哽咽着道：“以理，则九龙峪固佳；以情，则臣不敢言。”什么意思呢？就是说，按理应该在西陵的九龙峪，但是，要按照感情的话，那就不敢说话了，言外之意，由太后做主吧。

慈禧一听，马上止住了哭声道：“那就选在东陵的双山峪。”奕䜣就一惊，这慈禧太后演的又是哪一出啊？按理，她与儿子儿媳矛盾那么深，巴不得他们离得远一些呢，为什么还要冒着破坏祖制的风险，把儿子葬在自己的身边呢？

这里说明一下，慈禧是咸丰帝的老婆，咸丰帝葬在了东陵的定陵，将来慈禧死后，是一定要和丈夫咸丰帝一样，在东陵建陵的，这叫“夫妻合葬”。

恭亲王不明白，慈安也不明白，几乎所有的人都是一头雾水。慈禧真的把人们给弄糊涂了。

不过，有一个人最清醒，就是皇后阿鲁特氏。她拨开雾看花，真正看明白了，慈禧是要把儿子葬到东陵，那么自己去世后必然合葬。这样百年

之后，慈禧去世，也葬到东陵，在另外一个世界里她要继续控制这对年轻人，让他们永生永世不得翻身。

阿鲁特氏想到这里，一阵眩晕，感到天都要塌下来了，慈禧已经把自己逼到绝路了。

可是，这个时候，宫里议论纷纷："难道连皇后的孩子也不放过吗？"有人说，皇后怀孕了，肚子都凸出来了，慈禧会不考虑后果逼死皇后吗？

老虎被羊吃掉了

关于皇后怀孕的事，确实留下了一些史料记录。

许指严《十叶野闻》记载：

> 时皇后虽有孕，尚无他皇嗣。两宫皇太后议立新帝于养心殿，王公大臣宗室等咸在，慈安本属意恭王之子，欲于会议发表己意，然讷于口，期期未可也。慈禧即谗言曰："皇后虽已有孕，不知何日诞生，皇位不能久悬，宜即议立嗣君。"恭王抗声曰："皇后诞生期当不久，应暂秘不发丧，如生皇子，自当嗣立，如生女，议立新帝未晚也。"众似赞同此议。慈禧曰："不可。今南方未靖，中朝无主，何以安镇人心？国本动摇，良非细故。"军机大臣皆称是。

许指严的这段话，明确说明皇后阿鲁特氏已经怀孕了，只是不知道男女而已。所以，慈禧极为惶恐，她惧怕等待，一旦按照恭亲王的意见，等皇后生下皇子，小皇子就是新皇帝了，阿鲁特氏就是皇太后，就可以垂帘听政了。那个时候，慈禧就要寄人篱下了。

所以，慈禧不能等，一定要先发制人，因此才马上安排了载湉即位。可是，尽管如此，皇后还健在，她肚子里的孩子还在。这对慈禧是个巨大的威胁，即使载湉即位了，一旦皇后生子，也会发生变故的。

皇后肚子中的孩子不能生下来，那么前提只有一个，就是如果皇后死了，自然目的就达到了。阿鲁特氏已经非常绝望了，她无处申诉，难道就这样结束了吗？

突然，她想起一个人来，那就是自己的亲生父亲崇绮。

崇绮并非一般人，他是同治三年一甲一名进士，才学高深，家教极严，所以培养出阿鲁特氏这样的才女。

作为国丈，他听说了一些关于同治帝的荒唐新闻，也听到了一些皇后女儿的艰难处境，尤其是同治帝去世之后，他更是非常着急，不为别的，只为女儿，他便心急如焚。资料中这样记录：“一日，崇绮入视，知其状，奏闻。那拉氏曰：‘皇后如此悲痛，即可随大行皇帝去罢！’崇绮出，未移晷，而阿鲁特氏之凶耗至，年仅二十有二。”

更有的资料记载，皇后在万般无奈之下，派太监去娘家想办法，崇绮左思右想，写了一个字条，交给了太监。皇后打开一看，上面仅仅一个“死”字。光绪元年二月二十日，就在同治帝去世之后74天，阿鲁特氏含泪自杀身亡。

阿鲁特氏自杀身亡，舆论一片哗然。当时，就有一个御史潘敦俨上书：“后崩在穆宗开遐百日内，道路传闻，或称伤悲致疾，或云绝粒殒生，奇节不彰，何以慰在天之灵，何以副兆民之望？”

其实，在朝野内外，对阿鲁特氏之死，有几种说法：

一是绝食身亡。说皇后几天水米不进，最终饿死。

二是吞金身亡。黄金因为是重金属，进入体内，沉坠而死。

三是吞食鸦片身亡。

说法种种，不管怎么样，结论都是自杀身亡。1945年年底，惠陵被盗掘，盗匪劈开了阿鲁特氏的棺材，发现她的尸体居然没有腐烂。于是，盗匪开膛破肚，阿鲁特氏的肠子流了一地，盗匪便撸她的肠子，找那块致其死地的黄金。

我们从阿鲁特氏尸体没有腐烂的现象中可以断定，她是绝食身亡，倘若她的肠胃里面存有食物，尸体是一定会腐烂的。

有人说，皇后不会死，因为她属虎，而慈禧属羊，老虎会吃掉羔羊，她不会败在慈禧手下。当年，慈禧极力反对让她做中宫皇后也有这个原因。可现实不是这样，老虎被困在牢笼之中，最终被羊吃掉了。

图书在版编目（CIP）数据

皮影皇帝: 李寅评说同治帝 / 李寅著. —北京：中国工人出版社，2016.10
ISBN 978-7-5008-6527-8

Ⅰ.①皮… Ⅱ.①李… Ⅲ.①同治帝（1856-1875）—评传 Ⅳ.①K827=52

中国版本图书馆CIP数据核字（2016）第199180号

皮影皇帝: 李寅评说同治帝

出 版 人	芮宗金
责任编辑	葛忠雨　杨博惠
责任校对	董春娜
责任印制	黄　丽
出版发行	中国工人出版社
地　　址	北京市东城区鼓楼外大街45号　邮编：100120
网　　址	http://www.wp-china.com
电　　话	（010）62350006（总编室）　（010）62005039（出版物流部） （010）62379038（社科文艺分社）
发行热线	（010）62005049　（010）62005042（传真）
经　　销	各地书店
印　　刷	北京睿特印刷厂大兴一分厂
开　　本	710毫米×1000毫米　1/16
印　　张	14.5
字　　数	186千字
版　　次	2016年10月第1版　2016年10月第1次印刷
定　　价	32.80元